簡明漢韓

佛教敎理 發達史

雷虛 金東華 原著
活眼 韓定燮 撰詩

불교통신교육원

일러두기

1. 이 글은 불교교리발달사를 축약한 것이다.

2. 노트북으로 간략하게 그 강령만을 시로 정리하였다.

3. 한문과 이에 해당하는 우리말 역문은 활안스님이 작성하고 영문은 서무선 박사가 번역하였다. 영문번역 부분은 차후 합본하여 발행한다.

4. 불교를 옳게 그리고 전체적으로 이해하려면 교리발달사와 교단사를 이해하지 않고는 되지 않는다.

5. 그러나 이것을 공부하다보면 교단의 여러 가지 문제점이 들어나기 때문에 그 동안 아는 사람만 가르쳤지 일반에게는 공개하지 않았으나, 이제 불교는 몇몇의 수도승이나 교단의 소유물이 아니고 전 인류의 보고로서 연구대상이 되어왔기 때문에 이를 공개한다.

6. 문제점을 깨달은 사람은 그 시대적 배경과 환경풍토를 잘 이해하여 불교가 어떻게 새 시대에 적응할 수 있는가를 생각해 보아야 한다.

❀ 목 차 ❀

일러두기 ·· 3

Ⅰ. 서문(序文) ··· 9
Ⅱ. 근본원시불교의 자료(根本原始佛敎資料) ················· 11
Ⅲ. 원시근본사상론(原始根本思想論) ······························ 14
　1. 연기(緣起) ··· 14
　2. 삼법인(三法印) ·· 16
　3. 중도실상(中道實相) ··· 16
　4. 사성제(四聖諦) ·· 18
　5. 공(空) ··· 19
　6. 업과 윤회(業, 輪廻) ·· 21
　7. 심식설(心識說) ·· 22
　8. 불성(佛性) ··· 24
　9. 보살설(菩薩說) ·· 26
　10. 수도(修道) ··· 27
　11. 열반(涅槃) ··· 29
　12. 불(佛) ·· 30
Ⅳ. 부파불교(部派佛敎) ·· 35

1. 분열의 경위(分裂經偉) ·· 35
   (1) 일미분열(一味分裂) ·· 35
   (2) 대중부분열(大衆部分裂) ·· 36
   (3) 상좌부분열(上座部分裂) ·· 36
2. 발사자비구의 십사비법과(跋事者比丘十事非法) 대천의 오사
   (大天五事) ·· 37
   (1) 계율과 교리문제(戒律及敎理問題) ···························· 37
   (2) 십사(十事) ·· 38
   (3) 대천오사(大天五事) ·· 38
3. 부파분열의 경위(部派分裂經偉) ·· 39
   (1) 대승 신·불신(大乘 信·不信) ·································· 39
   (2) 가·실, 공·불공(假·實, 空·不空) ······················· 40
   (3) 방편과 진실(方便, 眞實) ·· 40
   (4) 총명선인(聰明仙人) ·· 41
   (5) 진제와 속제(眞諦, 俗諦) ··· 42
   (6) 사승의 정·부정(師僧 淨·不淨) ···························· 42
   (7) 대중구파(大衆九派) ·· 43
4. 대중부의 교리관(大衆部敎理觀) ·· 44
   (1) 법무거래종(法無去來宗) ·· 44
   (2) 중유론(中有論) ·· 44
   (3) 법체론(法體論) ·· 45
   (4) 견도와 수도(見道, 修道) ·· 46
   (5) 성인관(聖人觀) ·· 46
   (6) 보살관(菩薩觀) ·· 49
   (7) 불타관(佛陀觀) ·· 50

목차 5

    (8) 설일체유부와 계윤부(說一切有部及鷄胤部) ·············· 51
        ① 사제돈점(四諦頓漸) ······································ 52
        ② 제법의 생기차제(諸法生起次第) ····················· 52
        ③ 육식동별(六識同別) ······································ 53
        ④ 도와 번뇌(道, 煩惱) ····································· 54
        ⑤ 업과 이숙(業, 異熟) ····································· 54
        ⑥ 색심전변(色心轉變) ······································ 55
        ⑦ 세의식(細意識) ·· 55
        ⑧ 생사업과 무루도(生死業, 無漏道) ················· 57
  5. 상좌부의 교리관(上座部敎理觀) ····························· 58
    (1) 설일체유부의 교리관(說一切有部敎理觀) ·········· 58
        ① 초기단신봉경율(初期但信奉經律) ··················· 58
        ② 가다연니발지론(迦多衍尼發智論) ··················· 58
        ③ 제법분류명색론(諸法分類名色論) ··················· 59
        ④ 무표색과 불상응(無表色・不相應) ················· 59
        ⑤ 식신청정문제(識身淸淨問題) ························ 60
        ⑥ 유위법과 무위법(有爲法・無爲法) ················· 60
        ⑦ 정견수행(正見修行)과 유・무루(有・無漏) ·········· 61
        ⑧ 단혹증리(斷惑證理) ······································ 61
        ⑨ 보살관(菩薩觀) ·· 62
        ⑩ 불타관(佛陀觀) ·· 63
        ⑪ 삼유의 인과 무기성(三有因・無記性) ············ 63
        ⑫ 정중심사(靜中尋伺) ······································ 64
        ⑬ 외도와 불교(外道, 佛敎) ······························ 64
        ⑭ 천상범행(天上梵行) ······································ 65

(2) 기타 각주부의 같고 다른 점(其他各主部同異点) ········ 65
　　　① 설산주부본종의(雪山住部本宗義) ························· 65
　　　② 독자주부본종의(犢子住部本宗義) ························· 66
　　　③ 법상현주의 문구차(法上賢冑文句差) ····················· 67
　　　④ 화지부의 본종동의(化地部本宗同義) ····················· 69
　　　⑤ 법장부본종동이(法藏部本宗同異) ························· 73
　　　⑥ 음광부의 학설(飮光部學說) ································· 74
　　　⑦ 경량부의 학설(經量部學說) ································· 75
　　　⑧ 구마라다스님의 업력관(鳩摩羅多僧業力觀) ············ 81
　　　⑨ 실이라다스님의 사제관(實利邏多僧四諦觀) ············ 81
　　　⑩ 유부(有部)와 대중부(大衆部)의 수면관(睡眠觀) ······ 82
　　　⑪ 경량부의 성인관(經量部聖人觀) ·························· 82
　(3) 소결(小結) ··· 83

Ⅴ. 소승불교사상(小乘佛敎思想) ····································· 84
　1. 자료(資料) ·· 84
　　(1) 아비달마 법온족론(阿毘達磨法蘊足論) ··················· 85
　　(2) 아비달마 집이문족론(阿毘達磨集異門足論) ············· 90
　　(3) 시설론(施設論) ·· 92
　　(4) 아비달마 식신족론(阿毘達磨識身足論) ··················· 95
　　(5) 아비달마 계신족론(阿毘達磨界身足論) ··················· 97
　　(6) 아비달마 품류족론(阿毘達磨品類足論) ··················· 99
　　(7) 사리불 아비담론(舍利弗阿毘曇論) ······················· 107
　　(8) 성실론(成實論) ·· 109
Ⅵ. 대승불교사상(大乘佛敎思想) ··································· 115

1. 삼기대승(三期大乘) ·· 115
2. 대승흥기의 원인(大乘興起原因) ···························· 117
3. 초기대승자료(初期大乘資料) ·································· 118
   (1) 반야경(般若經) ·· 119
   (2) 화엄경(華嚴經) ·· 121
   (3) 법화경(法華經) ·· 126
   (4) 제정토경문(諸淨土經文) ································ 128
       ① 미륵보살삼부경(彌勒菩薩三部經) ················ 129
       ② 아촉불국묘희경(阿閦佛國妙喜經) ················ 130
       ③ 미타정토삼부경(彌陀淨土三部經) ················ 130
   (5) 초기대승논부(初期大乘論部) ························· 130
       ① 용수보살(龍樹菩薩) ···································· 131
       ② 제바보살(提婆菩薩) ···································· 132
   (6) 중기대승경론(中期大乘經論) ························· 134
       ① 중기대승의 자료(中期大乘資料) ·················· 134
          a. 열반경(涅槃經) ······································· 135
          b. 여래장경(如來藏經) ································ 136
          c. 해심밀경(海深密經) ································ 137
          d. 미륵론(彌勒論) ······································· 138
          e. 세친보살 삼형제(世親菩薩三兄弟) ············ 141
   (7) 후기대승경론(後期大乘經論) ························· 143
       ① 자료(資料) ·· 143
   (8) 비밀밀교(密敎) ··· 148

Ⅶ. 총결(總結) ··· 152

I. 서문(序文)

萬古碧潭空界月
만고벽담공계월
　　　　　　　　　　만고 벽담
　　　　　　　　　　공계월은

無關風雨常光明
무관풍우상광명
　　　　　　　　　　비바람에 관계없이
　　　　　　　　　　항상 빛난다.

時俗隱現變態像
시속은현변태상
　　　　　　　　　　시속을 따라 숨었다
　　　　　　　　　　나타나는 변태상을

無知衆生不覺知
무지중생불각지
　　　　　　　　　　무지한 중생들이
　　　　　　　　　　깨닫지 못하고 있을 뿐이다.

原始部派小大乘
원시부파소대승
　　　　　　　　　　원시 부파
　　　　　　　　　　소·대승이

隨機頓漸加減差
수기돈점가감차
　　　　　　　　　　근기 따라 돈오 점수
　　　　　　　　　　불어나고 줄어짐이 있지만

一音演唱圓滿行
일음연창원만행
　　　　　　　　　　일음 연창
　　　　　　　　　　원만행은

深淺不顧大海行　　　깊고 얕음에 관계없이 항상
심 천 불 고 대 해 행　　대해를 향해 흐르고 있다.

釋迦弟子孫弟子　　　석가부처님으로부터 제자・손
석 가 제 자 손 제 자　　제자 때까지(서기전 531~370)

上座大衆二部派　　　상좌 대중 두 부파
상 좌 대 중 이 부 파　　(서기전 370~100)가 생겨

部派殘存大乘前　　　부파불교가 남아있는 대승전까
부 파 잔 존 대 승 전　　지를(서기전 100~서기 후 150)

原始部派小乘敎　　　원시・부파・
원 시 부 파 소 승 교　　소승불교라 한다.

斥小大乘出現後　　　소승을 배척하고 대승이
척 소 대 승 출 현 후　　출현하면서(서기 후 150~470)

衆經百論無數出　　　여러 가지 경론이
중 경 백 론 무 수 출　　수없이 나타나

春山百花滿發香　　　봄 산에 백가지 꽃이
춘 산 백 화 만 발 향　　향기롭게 핀 것 같이

世界一花萬邦鄕　　　세계일화가
세 계 일 화 만 방 향　　만방에 피었도다.

Ⅱ. 근본원시불교의 자료(根本原始佛教資料)

| 根本原始資料中 | 근본 원시 |
| 근본 원시 자료 중 | 자료 중엔 |

根本原始資料中　　근본 원시
근본 원시 자료 중　　자료 중엔

育王七經初結法　　아육왕 7경과
육 왕 칠 경 초 결 법　　제1회 결집한 법이 있고

其餘南方經律藏　　나머지 남방
기 여 남 방 경 율 장　　경율이 있는데

或叅北方所傳藏　　혹 북방 소전의
혹 참 북 방 소 전 장　　경율도 참고 된다.

最勝聖種不畏經　　최승경·성종경·
최 승 성 종 불 외 경　　당래불외경

牟尼寂點優婆帝　　모니게·적점행경·
모 니 적 점 우 바 제　　우바제사

沙門羅睺通七經　　사문경·설라후라경이
사 문 라 후 통 칠 경　　아육왕 7경인데

育王法誥磨崖勅　　　　모두 이것은 아육왕의
육 왕 법 고 마 애 칙　　　마애법칙에서 나온 것이다.

第一結集九分敎　　　　제1회에서 결집한
제 일 결 집 구 분 교　　　9분교는

契經應頌解釋分　　　　계경・응송・
계 경 응 송 해 석 분　　　해석분과

偈頌自說如是說　　　　게송・무문자설・
게 송 자 설 여 시 설　　　여시설

本生未曾方廣敎　　　　본생・미증유・방광교가
본 생 미 증 방 광 교　　　그것인데

後加因緣譬論議　　　　후에 인연・비유・논의가
후 가 인 연 비 론 의　　　더해져 12분교가 되었다.

南北小傳四阿含　　　　남・북에 전해진
남 북 소 전 사 아 함　　　네 가지 아함은

長中雜阿增一含　　　　장아함・중아함・
장 중 잡 아 증 일 함　　　잡아함・증일아함인데

南傳五部尼柯耶　　　　남전 5부
남 전 오 부 니 가 야　　　니가야엔

| 加誦法句十五種 | 가송 법구 등 15종1)이 |
| 가 송 법 구 십 오 종 | 더 들어 있다. |

南方律典三分類　　　　남방율전을
남 방 율 전 삼 분 류　　　세 가지로 나누면

破門贖罪經解脫　　　　파문 속죄를 설명한
파 문 속 죄 경 해 탈　　　경해탈이 있고

敎團各種法規品　　　　교단의 여러 가지 법규를
교 단 각 종 법 규 품　　　적은 품2)이 있으며,

後世添加附屬品　　　　후세에 첨가한
후 세 첨 가 부 속 품　　　부속품이 있다.

---

1) 15종 ① 小誦 ② 法句 ③ 感興語 ④ 如是語 ⑤ 經集 ⑥ 天官事 ⑦ 餓鬼事 ⑧ 長老偈 ⑨ 長老尼偈 ⑩ 本生 ⑪ 解釋 ⑫ 佛陀系譜 ⑬ 行藏 등
2) 징계·회개 속죄·분쟁에 관한 것.

Ⅱ. 근본원시불교의 자료(根本原始佛敎資料)

Ⅲ. 원시근본사상론(原始根本思想論)

1. 연기(緣起)

原始根本思想論 원 시 근 본 사 상 론	원시·근본· 사상론에는
初明緣起中道法 초 명 연 기 중 도 법	먼저 연기법인 중도실상을 밝힌 것과
四諦空明業輪廻 사 제 공 명 업 륜 회	4성제·공·업·윤회를 밝힌 부분
心性菩薩修道及 심 성 보 살 수 도 급	심식·불성·보살·수도를 밝힌 부분 그리고
證果涅槃佛陀論 증 과 열 반 불 타 론	증과 열반 불타론으로 나누어 설명할 수 있다.
初說緣起敎中心 초 설 연 기 교 중 심	처음 말하는 연기는 불교의 중심사상이다.

彼此相對生滅說 피 차 상 대 생 멸 설	피차가 상대¹⁾하여 나고 멸함 생겼다.
十二因緣觀順逆 십 이 인 연 관 순 역	12인연²⁾ 순역을 관찰하고
離欲解脫成自在 이 욕 해 탈 성 자 재	탐욕을 버리면 해탈을 얻어 자재한다 하였다.
緣起法說我非造 연 기 법 설 아 비 조	연기법은 내가 지은 것이 아니고
他人非造常法樂 타 인 비 조 상 법 락	다른 사람들이 지은 것도 아니며 항상 법계에 꽉 차
如來無關生不生 여 래 무 관 생 불 생	부처님이나 생·불생에 관계없이 존재한다.
我此正覺爲分別 아 차 정 각 위 분 별	나는 이 법을 바로 깨달아 중생을 위해 분별한다.³⁾

---

1) 피차상대는 "此有故彼有 彼有故此有 此滅故彼滅 彼滅故此滅"
2) 十二因緣의 順逆은 無明·行·識·名色·六入·觸·受·愛·取·有·生老死 憂悲苦惱, 無明을 따라 順行하면 順이고, 智慧를 따라 거역해 올라가면 逆이 된다.
3) 잡아함 12권.

2. 삼법인(三法印)

因緣城中三法印
인 연 성 중 삼 법 인

인연의 성중에서
3법인이 생겼는데

諸行無常無我法
제 행 무 상 무 아 법

제행무상과
제법무아는

一切苦痛有爲法
일 체 고 통 유 위 법

일체 고통의
유위법이고

涅槃無爲常樂淨
열 반 무 위 상 락 정

열반적정은 무위법으로 항상
즐겁고 자유롭고 깨끗하다.

3. 중도실상(中道實相)

相依相資無盡行
상 의 상 자 무 진 행

상대를 따라 이어져 간 행,
끝도 갓도 없으니

一水性上萬波濤
일 수 성 상 만 파 도

한 물 위에서 만 파도
일어나는 것 같다.

正見正思語業行
정 견 정 사 어 업 행

바로 보고 생각하고
말하고 행동하면

| 命進念定心一境 | 바로 생명을 유지 노력하고 잊지 않으 |
| 명 진 념 정 심 일 경 | 면 마침내 심일경성의 정정을 이룬다.4) |

世上必避二有邊
세 상 필 피 이 유 변
세상에 반드시 피해야 할
두 길이 있으니

一禁貪着說無過
일 금 빈 착 설 무 과
1은 향락·탐착이 지나치지
않게 하는 것이고

二者邪見苦道行
이 자 사 견 고 도 행
2는 사견·
고행도 이다.

能捨兩道得涅槃
능 사 양 도 득 열 반
이 두 길을 버리면 누구나
열반을 증득하게 된다.

或者有無一異見
혹 자 유 무 일 이 견
혹자는 유·무 일·이의
견해를 가지고

斷常坑爲墮落說
단 상 갱 위 타 락 설
단상의 구렁에
떨어지는 말을 하나

能離二邊中道行
능 리 이 변 중 도 행
능히 2변을 여의고
중도행을 하면

轉變積聚兩邊脫
전 변 적 취 양 변 탈
전변·적취 두변에서
벗어나게 될 것이다.5)

---

4) 五分律 10권. 전변·적취는 불교이전의 인도인들의 두 가지 학설.

4. 사성제(四聖諦)

| 生老病死一切苦 | 생·노·병·사 |
| 생 노 병 사 일 체 고 | 일체고통은 |

煩惱集起其原因　　　번뇌의 집기가
번 뇌 집 기 기 원 인　　그 원인이 된다.

無苦安穩涅槃城　　　고통 없이 편안한
무 고 안 온 열 반 성　　열반성은

八正中道實踐果　　　8정중도를
팔 정 중 도 실 천 과　　실천한 과보이다.

苦集二諦生死路　　　고·집 2제는
고 집 이 제 생 사 로　　생사의 길이고

滅道二諦涅槃路　　　멸·도 2제는
멸 도 이 제 열 반 로　　열반의 길

修行不修繫局人　　　닦고 닦지 않는 것은
수 행 불 수 계 국 인　　모두 사람에게 달렸으니

---

5) 잡아함 10경, 195경.

覺與不覺亦如是
각 여 불 각 역 여 시

깨닫고 깨닫지 못한 것도
마찬가지이다.

應知已知 開眼明
응 지 이 지 　 개 안 명

마땅히 알라. 알면 곧 눈이
밝아지게 될 것이다.

應斷已斷 明覺行
응 단 이 단 　 명 각 행

마땅히 끊어라. 끊으면
즉시 각행이 나타나리라.

應證已證 神妙生
응 증 이 증 　 신 묘 생

마땅히 깨달으라. 깨달으면 신
통묘용이 그 속에서 나타나리라.

應修已修 眼慧生
응 수 이 수 　 안 혜 생

마땅히 닦으라. 닦으면 지혜의
눈이 그 속에서 나타나리라.6)

5. 공(空)

衆材聯合自動車
중 재 연 합 자 동 차

여러 가지 재료가 모여
자동차가 됨으로

部品分離芭蕉質
부 품 분 리 파 초 질

부품을 따로 떼고 보면
파초와 같다.

---

6) 이것이 삼전사제행(三轉四諦行)이다.

Ⅲ. 원시근본사상론(原始根本思想論)

世間卽是諸法空 세 간 즉 시 제 법 공	세간 모든 법은 다 비었다.
業識轉爲空輪廻 업 식 전 위 공 윤 회	업과 식이 괜히 돌고 돌 뿐이다.
因緣卽是無我空 인 연 즉 시 무 아 공	인연은 곧 내가 없으므로 공이다.
六根十二十八界 육 근 십 이 십 팔 계	6근 12처 18계
五蘊和合但名相 오 온 화 합 단 명 상	5온 화합에 의해 만들어진 모든 존재는 이름과 모양뿐
無相無願空三昧 무 상 무 원 공 삼 매	이런 도리 깨달으면 무상 무원 공삼매를 얻는다.
鹿子講堂村空觀 녹 자 강 당 촌 공 관	녹자모 강당에서 빈 촌을 보면
人空無事地空觀 인 공 무 사 지 공 관	인공·무사· 지공관·
無量空處識邊處 무 량 공 처 식 변 처	무량·공처· 식변처·

無所無想內外空 무소유처·무상공·안과
무 소 무 상 내 외 공 밖이 모두 비었네.

6. 업과 윤회(業, 輪廻)

五陰車從諸業起 오음의 수레는
오 음 차 종 제 업 기 업으로부터 일어난다.

心識轉變因緣法 마음과 생각이 구르고
심 식 전 변 인 연 법 변해 인연법을 만들면

罪福果報生天獄 죄와 복, 그 과보로
죄 복 과 보 생 천 옥 천당과 지옥이 생긴다.

非空山河遮報處 허공 산 물, 그 어느 곳에도
비 공 산 하 차 보 처 과보를 가릴 곳은 없다.

深自煩嘖惡業報 깊이 뉘우쳐
심 자 번 책 악 업 보 악업보를 꾸짖고

懺悔除疑增善業 참회하여 의심을 제거하고
참 회 제 의 증 선 업 선업을 지어도

高行修道非涅槃 거룩한 도를 닦아
고 행 수 도 비 열 반 열반을 얻기 전에는

非天地間遮業報 하늘과 땅, 그 어느 곳에도
비천지간차업보 업보를 가릴 곳은 없다.

無明貪愛積世陰 무명 탐애가 5음의
무명탐애적세음 세상을 만드나

積世轉變因緣亡 쌓인 세상 변하고 변해
적세전변인연망 인연도 망한다.

有業報而無作者 지은 자는 없으나
유업보이무작자 업보는 있으니

此陰滅而異相續 이 음이 멸하면
이음멸이이상속 또 다른 업이 상속된다.[7]

7. 심식설(心識說)

心爲法本尊心使 마음은 법의 근본,
심위법본존심사 마음시키는 대로 한다.

中心念善言卽行 마음속에 선을 생각하고
중심념선언즉행 그대로 말하고 행동하면

---

[7] 잡아함 13.

福業自追如影隨
복 업 자 추 여 영 수

복업은 마치 그림자가
형상 따르듯 한다.

念惡苦楚亦如是
염 악 고 초 역 여 시

악을 생각하여 고초를
받는 것도 또한 마찬가지다.

心識譬如工畫師
심 식 비 여 공 화 사

심식은 마치 그림 그리는
화가와 같아

白紙種種五蔭畫
백 지 종 종 오 음 화

흰 종이에 갖가지
5음화를 그린다.

一切世間萬物中
일 체 세 간 만 물 중

일체 세간
만물 중에

無法不造能御制
무 법 부 조 능 어 제

법으로써 지어져 끌려가지
아니한 것이 없다.

是何名爲心識說
시 하 명 위 심 식 설

어떤 것을 이름 하여
심식이라 말하는가.

瞋恚睡眠調戱疑
진 에 수 면 조 희 의

진에·수면·
조희·의심

忿怒疾憎忌煩惱
분 노 질 증 기 번 뇌

분노·질투·증오하면서도
귀찮은 것 싫어하고

Ⅲ. 원시근본사상론(原始根本思想論) 23

幻姦僞諍憍慢妬
환간위쟁교만투

환간·위쟁·
교만·질투

無慚無愧增上慢
무참무괴증상만

부끄러워할 줄도 모르고
거만만 피우는구나.

無明性中我法執
무명성중아법집

무명성 가운데서
낸 아집과 법집

邪見非法惡貪慾
사견비법악탐욕

삿된 견해
비법·악탐욕으로

欺誑諂曲放逸行
사광첨곡방일행

속이고 아첨하고
굴곡 방일하는구나.8)

8. 불성(佛性)

覺性遍在生無生
각성변재생무생

깨닫는 마음은 생물과
무생물에 다 있어

一切衆生成正覺
일체중생성정각

일체중생이
정각을 이루었다.

---

8) 법구경 雙敍品.

何必男女老少分
하 필 남 녀 노 소 분

將次草木砠成佛
장 차 초 목 와 성 불

하필이면 남녀노소를
가리겠느냐.

장차에는 풀·나무·기와도
다 성불한다 할 것이다.

人在名爲眞佛性
인 재 명 위 진 불 성

法在名爲稱法性
법 재 명 위 칭 법 성

人法與在持覺性
인 법 여 재 지 각 성

何必論議成不成
하 필 론 의 성 불 성

사람에게 있는 것을
진짜 불성이라 하고

법속에 있는 것은
법성이라 부른다.

사람과 법이 똑같이
각성을 가지고 있는데

무엇 때문에 성불·
불성불을 논하겠느냐.

何必如何比丘尼
하 필 여 하 비 구 니

五百大戒禁拘束
오 백 대 계 금 구 속

男女接觸一旬間
남 녀 접 촉 일 순 간

그러면 어찌하여
비구니에게는

500대계를 주어
구속하였는가.

남녀는 접촉한
순간에

焚湯財貨道行亡　　　재화를 불태우고 도심까지
분 탕 재 화 도 행 망　　망하게 하기 때문이다.

9. 보살설(菩薩說)

上求菩提下化衆　　　위로 불도를 구하고
상 구 보 리 하 하 중　　밑으로 중생을 구제하는 사람

是卽名爲大菩薩　　　이를 이름 하여
시 즉 명 위 대 보 살　　대보살이라 부른다.

最初前生釋迦佛　　　최초에는 석가불의
최 초 전 생 석 가 불　　전생담으로만 썼으나

後世彌勒善行者　　　후세에는 미륵 같은 선행자도
후 세 미 륵 선 행 자　　보살이라 불렀다.

布施愛語利行攝　　　보시·애어·
보 시 애 어 이 행 섭　　이행·동사섭과

慈悲喜捨六度行　　　자비·희사·
자 비 희 사 육 도 행　　6도행으로

佛種養成正眞道　　　부처님 종자 길러
불 종 양 성 정 진 도　　바른 도에 나아가면

自他一時成佛道
자 타 일 시 성 불 도

너나없이 한 때에 불도를
이루게 될 것이다.

增一阿含十一卷
증 일 아 함 십 일 권

증일아함
11권에

菩薩所行彌勒範
보 살 소 행 미 륵 범

모범적인 보살행을
한 미륵과

增一阿含四分經
증 일 아 함 사 분 경

증일아함
4분경에

訶那長子平等行
하 나 장 자 평 등 행

하나야특 장자의
평등행이 나온다.

10. 수도(修道)

散亂收攝精進行
산 란 수 섭 정 진 행

산란한 마음
거두어 드리는 노력

客塵煩惱除去行
객 진 번 뇌 제 거 행

객진·번뇌를
제거하는 행

心上無漏明覺行
심 상 무 루 명 각 행

마음 위에
무루·명각행을 하면

此則名爲眞修道   이것을 이름하여
차 즉 명 위 진 수 도   진짜 수도라 한다.

數息不淨坐止觀   수식관·부정관,
수 식 부 정 좌 지 관   앉아 지관하면

四禪八定自淨觀   4선8정이
사 선 팔 정 자 정 관   저절로 나타나9)

轉識成智得涅槃   지식과 상식을 굴려
전 식 성 지 득 열 반   지혜를 이루고 열반을 증득

無量三昧得解脫   4무량 3삼매
무 량 삼 매 득 해 탈   8해탈을 이루리라.

中阿含經五十九   중아함경
중 아 함 경 오 십 구   59권에는

八勝無量十想處   8승무량과
팔 승 무 량 십 상 처   10상처가 나오고10)

---

9) 4선은 초선, 2선, 3선, 4선이고, 8정은 4선에 공무변처, 식무변처, 무소유처, 비상비비상처정을 보탠 것이다.

10) 8 勝處는 내외색상에 관해 집착을 일으키지 않는 것이니, 內有色想觀外色少處勝·內有色想觀外色多勝處·內無色想觀外色少勝處·內無色想觀外色多勝處·內無色想觀外色靑勝處·內無色想觀外色黃勝處·內無色想觀外色赤勝處·內無色想觀外色白勝處가 그것이다. 그리고 10상은 無常想·苦想·無我想·食不淨想·世間不可樂想·死想·不淨想·斷想·離想·盡想으로 열 가지 觀想이다.

| 雜阿含經助道品 | 잡아함경 |
| 잡 아 함 경 조 도 품 | 조도품에는 |

| 三七三學六念說 | 37조도품과 |
| 삼 칠 삼 학 육 념 설 | 3학 6념설이 나온다.11) |

11. 열반(涅槃)

| 泥洹槃那涅槃那 | 바나에 불을 밀어 끄는 |
| 니 원 반 나 열 반 나 | 것을 열반이라 하는데 |

| 根境識火圓寂滅 | 6근·6경·6식의 |
| 근 경 식 화 원 적 멸 | 불이 꺼져 고요하면 |

| 常樂我淨圓滿成 | 상·낙·아·정이 |
| 상 락 아 정 원 만 성 | 원만히 성취되어 |

| 無餘無爲無生樂 | 남음이 없고 하염없는 |
| 무 여 무 위 무 생 락 | 무생락을 얻는다네. |

| 須陀斯陀阿那含 | 수다원·사다원· |
| 수 다 사 다 아 나 함 | 아나함 |

---

11) 37조도품은 四念處·四正勤·四神足·五根·五力·七覺支·八正道이고, 三學은 戒·定·慧이며, 六念은 念佛·念法·念僧·念戒·念施·念天을 말한다.

見取婬怒愚癡斷
견 취 음 노 우 의 단

견·취·음·노·우치를 끊고

中般生般有行般
중 반 생 반 유 행 반

중반·생반·유행반에
들었다가

最後無行阿羅漢
최 후 무 행 아 라 한

최후 무행에서
아라한이 된다.

涅槃無疾無老死
열 반 무 질 무 노 사

열반은 병도 없고
늙고 죽음도 없어서

安穩淸淨常樂鄕
안 온 청 정 상 락 향

안온 청정한
상락향에 들어가

我生已盡梵行立
아 생 이 진 범 행 립

태어난 일 이미 끝내고
범행을 세웠으니

所作已辨後不受
소 작 이 변 후 불 수

다시 또 무슨
걱정 있겠는가.

12. 불(佛)

原來羅漢平等佛
원 래 나 한 평 등 불

원래 나한과 부처는
평등하였다.

三世十方理想佛　　　　3세 시방의
삼 세 시 방 이 상 불　　　이상불이 출현하면서

十力四畏三不動　　　　10력・4무소외・
십 력 사 외 삼 불 동　　　3부동12)

大慈大悲恭敬佛　　　　대자대비한 공경불이
대 자 대 비 공 경 불　　　탄생하였다.

金剛所成法身佛　　　　금강으로 만들어진
금 강 소 성 법 신 불　　　법신불은

本來淸淨無垢穢　　　　본래 청정하여
본 래 청 정 무 구 예　　　더러움이 없다.

應緣衆生敎化身　　　　인연 중생 제도코자
응 연 중 생 교 화 신　　　교화신을 나투니

充滿百億刹塵界　　　　천백억화신
충 만 백 억 찰 진 계　　　미진세계 꽉 찼네.

報化非眞了妄緣　　　　보신・화신은 진짜가 아니고,
보 화 비 진 료 망 연　　　망연에 의해 만들어진 것

---

12) 十力은 ① 處非處智力 ② 業異熟智力 ③ 徧趣行智力 ④ 種種界智力 ⑤ 種種勝解智力 ⑥ 根上下智力 ⑦ 靜慮解脫等持等至智力 ⑧ 宿住隨念智力 ⑨ 死生智力 ⑩ 漏盡智力이고, 四無所畏는 ① 等正覺無畏 ② 漏永盡無畏 ③ 說障法無畏 ④ 說出道無畏이며, 三念住는 ① 讚不動 ② 毁不動 ③ 半不動이다.

Ⅲ. 원시근본사상론(原始根本思想論) 31

法身淸淨廣無邊
법 신 청 정 광 무 변

법신만이 청정하여
끝도 갓도 없다네.

千江有水千江月
천 강 유 수 천 강 월

천강에 물 있으면
천강이 달이 뜨고

萬里無雲萬里天
만 리 무 운 만 리 천

만리에 구름 없으면
만리가 하늘이네.

燃燈憍陳吉祥佛
연 등 교 진 길 상 불

연등 · 교진 ·
길상불 ·

善意諂曲所照佛
선 의 첨 곡 소 조 불

선의 · 첨곡 ·
소조불

盲欠蓮華大仙佛
맹 흠 연 화 대 선 불

맹흠 · 연화 ·
대선불 ·

華上善意善生佛
화 상 선 의 선 생 불

화상 · 선의 ·
선생불 ·

喜見義見法見佛
선 견 의 견 법 견 불

희견 · 의견 ·
법견불 ·

義成庭沙補沙佛
의 성 정 사 보 사 불

의성 · 정사 ·
보사불

毘娑尸棄毘舍婆
비 사 시 기 비 사 사

비사·시기·
비사사·

拘樓拘那迦葉佛
구 류 구 나 가 섭 불

구류·구나·
가섭불

二十四佛七佛說
이 십 사 불 칠 불 설

24불이다.
7불설은

隨時緣化時間佛
수 시 연 화 시 간 불

때에 따라 인연 따라
나타난 시간불 들이다.

東方滿月藥師佛
동 방 만 월 약 사 불

동방 만월세계
약사유리광불

西方淨土彌陀佛
서 방 정 토 미 타 불

서방 극락세계
아미타불

北方無憂不動佛
북 방 무 변 부 동 불

북방 무우세계
부동존불

南方歡喜寶勝佛
남 방 환 희 보 승 불

남방 환희세계
보승여래불

中方華藏遮那佛
중 방 화 장 자 나 불

중방 화장세계
비로자나불

處處十方無盡佛 처 처 시 방 무 진 불	곳곳 시방에서 무진불이 나타난 것은
空間出現敎化佛 공 간 출 현 교 화 불	공간적인 인연에서 나타나신 공간불 들이다.
然而一國無二佛 연 이 일 국 무 이 불	그러나 한 국토엔 두 부처가 없나니
師資一貫連綿承 사 자 일 관 연 면 승	스승과 제자가 한 길로 계승하여
無明世界放光明 무 명 세 계 방 광 명	무명세계에 광명을 놓아
隱現自在無障碍 은 현 자 재 무 장 애	숨고 나타나는데 자유자재 서로 장애하지 않는다.

Ⅳ. 부파불교(部派佛敎)

1. 분열의 경위(分裂經緯)

(1) 일미분열(一味分裂)

原始根本一味敎　　　원시 근본
원시근본일미교　　　　일미교가

戒律敎理異見故　　　계율・교리의
계율교리이견고　　　　이견 때문에

上座大衆二分派　　　상좌와 대중 둘로
상좌대중이분파　　　　나누어졌다가

各各分裂二十部　　　각각 분열하여
각각분열이십부　　　　20부파가 되었다.

(2) 대중부분열(大衆部分裂)

一說出世鷄胤部 일설출세계윤부	일설부·출세부· 계윤부
多聞說假制多山 다문설가제다산	다문부·설가부· 제다산부
西山住部北山部 서산주부북산부	서산주부 북산부
都合九派大衆部 도합구파대중부	도합 구파 대중부이고[1]

(3) 상좌부분열(上座部分裂)

雪山有部犢子部 설산유부독자부	설산부·설일체유부· 독자부
法上賢冑正量部 법상현주정량부	법상부·현주부· 정량부

---

[1] 이부종륜에 불멸 약 100년경 마가다국 파탈리푸트라성 아쇼카왕 때 상좌·대중 2파가 분열되었는데 대중부에서는 불멸 200년경 일설부. 설출세부·계윤부 3부가 제1차로 분열하고 200년 중에 다문부가 2차 분열되었으며, 또 200년 중 설가부가, 200년 말에 대천에 의해서 제다산. 서산주부·북산주부로 갈라졌다고 하였다.

密林化地法藏部
밀림화지법장부

밀림산부·화지부·
법장부

飮光經量上座部
음광경량상좌부

음광부·경량부는
상좌부이다.2)

2. 발사자비구의 십사비법(跋事者比丘十事非法)과 대천의 오사(大天五事)

(1) 계율과 교리문제(戒律及敎理問題)

跋耆比丘十事法
발기비구십사법

발기족3)
비구 10사법과

大天五事起因由
대천오사기인유

대천스님4)
5사법에 기인하였으니

---

2) 상좌부는 불멸 300년경 설일체유부에서 본상좌부(설산부)가 갈라지고, 2차 200년 중 설일체유부에서 독자부가 파생하고, 3차 300년경 독자부에서 법상부·현주부·정량부·밀림산부가 분열되고, 4차 300년 중에 설일체유부에서 화지부·설일체유부에서 음광부가 파생되고, 7차 400년 초에 설일체유부에서 경량부(설전부)가 파생되었다고 하였다. 그런데 남전 島史에서는 대중부가 본말 6파하고 상좌부가 12부파라 하여 도합 18부라 하고 있다.

3) 발기족은 종족의 이름.

4) 대천스님은 마도라국 상인 출신임.

要上事戒律問題
요 상 사 계 율 문 제

위는 계율의
문제이고

下事教理差異点
하 사 교 리 차 이 점

아래는 교리의
차이점이다.

(2) 십사(十事)

鹽事二指隨喜淨
염 사 이 지 수 희 정

염사정·2지정·
수희정

道行酪漿治病淨
도 행 낙 장 치 병 정

도행정·낙장정·
치병정

坐具舊事高聲淨
좌 구 구 사 고 성 정

좌구정·구사정·
고성정

金銀寶淨十事法
금 은 보 정 십 사 법

금은보정이
10사법이다.

(3)대천오사(大天五事)

大天五事餘所誘
대 천 오 사 여 소 유

대천의 5사는
여소유

無知猶豫他令入　　　무지·유예·
무지유예타령입　　　타영입

道因聲故眞佛敎　　　성도는 소리로써 가르친다.
도인성고진불교　　　이것이 진불교다 하니

上座此是非佛敎　　　상좌부 스님들이 이 것은
상좌차시비불교　　　불교가 아니다 판정하였다.

3. 부파분열의 경위(部派分裂經偉)

(1) 대승 신·불신(大乘 信·不信)

王舍城北央崛多　　　왕사성
왕사성북앙굴다　　　앙굴다절에서

華嚴金剛大乘經　　　화엄·금강경 등
화엄금강대승경　　　대승경을 설하자.5)

信不信一說出世　　　이것을 믿는 사람과 믿지
신불신일설출세　　　않는 사람들 사이에

鷄胤三部生分離　　　일설부·출세부·계윤부
계윤삼부생분리　　　3부로 나누어져 나왔다.6)

---

5) 이때 벌써 열반·승만·유마·반야론 등이 있었던 것으로 추측됨.

(2) 가·실, 공·불공(假·實, 空·不空)

| 我說一切假名法 | 내가 설한 일체법은 |
| 아설일체가명법 | 모두가 가명이며 |

無有實體一說部
무유실체일설부
실체가 없다 주장한
것은 일설부이고

世間煩惱顚倒起
세간번뇌전도기
세간번뇌는 전도에서
일어났으며

假名無實出世部
가명무실출세부
거짓 이름 뿐 실이 없다한
것은 출세부인데

二空理卽道果智
이공리즉도과지
아공 법공이
그대로 도과지이니

眞實境到必出世
진실경도필출세
진실한 경계에 이르면
반드시 출세한다.

(3) 방편과 진실(方便, 眞實)

經律二藏方便說
경율이장방편설
경률 2장은
방편설이고

---
6) 계윤은 部主의 이름이다. 주처를 따라 지은 이름이다.

論藏是爲眞佛說 논장만이
논장시위진불설 진짜 불설이다.

宜覆身住隨飮食 알맞게 옷과 주거를 가지고
선복신주수음식 적당이 음식 먹고

疾斷煩惱鷄胤部 빨리 번뇌만 끊어라
질단번뇌계윤부 주장한 것이 계윤부이다.[7]

(4) 총명선인(聰明仙人)

祠被衣仙出家後 사피의선이[8]
사피의선출가후 출가한 후에

多聞三藏多聞部 삼장을 많이 들어
다문삼장다문부 다문부가 형성되었다.

後世誠實此分派 후세 성실론도
후세성실차분파 여기서 분파된 것이니

豊富大乘眞實義 대승의 진실한 뜻이
풍부대승진실의 가장 풍부하다.

---

7) 진제소전 三論玄義 疏鈔와 慈恩著 異部宗輪論述記.

8) 사피의 선은 부처님 당시 나무껍질로 옷을 해 입고 하늘에 제사를 지내던 재가선인이었는데 부처님 설법을 듣고 출가, 3장을 널리 들어 통효함으로써 다문스님이라 불렀다. 불멸후에는 설산에 들어가 200년을 넘게 있다가 대중부의 학설이 나왔으나 진짜 대승의 뜻을 설해 큰 부파를 형성하였다.

(5) 진제와 속제(眞諦, 俗諦)

說假部或分別部	설가부는 혹
설 가 부 혹 분 별 부	분별부라고도 부른다.
無熱惱池迦㢈延	무열뇌지에 살고
무 열 뇌 지 가 전 연	있던 대가전연이
界處假名蘊實義	18계 12처는 가명이고
계 처 가 명 온 실 의	5온만이 진실하다고
因是眞諦俗諦果	인은 진제이고 과는 속제라
인 시 진 제 속 제 과	하는데서 연유되었다.

(6) 사승의 정·부정(師僧 淨·不淨)

護法聖主護雲王	호법성주(大天)가
호 법 성 주 호 운 왕	호운왕 때
假籍出家具足戒	출가를 가장하여
가 적 출 가 구 족 계	구족계를 받고
五事賊住制多山	5사 적주가
오 사 적 주 제 다 산	제다산과
西山北山三分派	그 산 서·북에 나누어
서 산 북 산 삼 분 파	살아 3파가 생겼다.9)

分裂理由賊主師　　　분열하게 된
분열이유적주사　　　동기는 적주사를

受戒認定不認定　　　수계사를 인정할 것이냐
수계인정불인정　　　인정하지 않을 것이냐에 따라

師僧不足弟子淸　　　스승은 부족하더라도
사승부족제자청　　　제자들이 청정하면 된다.

定處西山西山部　　　거처를 서산에 정하고 살았으
정처서산서산부　　　므로 서산주부가 되었다.

(7) 대중구파(大衆九派)

以上九派大衆部　　　이상 9파는
이상구파대중부　　　대중부이다.

本宗同異各部派　　　각 종이 부파 따라
본종동이각부파　　　같고 다른 것이 있으니

現象本體實踐論　　　현상계 본체계
현상본체실천론　　　실천론

---

9) 대천은 파계자임으로 계를 줄 수 없다는 파와 스승은 계가 없어도 대중이 청정하면 상관없다는 파가 갈라져 괜찮다는 파는 살바다부가 되어 지제산에 삶으로 나머지는 북산에 와 머물게 되었다.

Ⅳ. 부파불교(部派佛敎)　43

羅漢菩薩佛陀觀
나 한 보 살 불 타 관

아라한 보살 불타관이
조금씩 차이가 있다.

4. 대중부의 교리관(大衆部敎理觀)

(1) 법무거래종(法無去來宗)

三世實有法體恒
사 멧 실 유 법 체 항

이 세상 모든 법은 3세에
실재 있다고 주장한다.

一切有部學說中
일 체 유 부 학 설 중

일체유부
학설 중

現在有體過未無
현 제 유 체 과 미 무

현재는 체가 있으나 과거
미래에는 체가 없다하여

法無去來宗此名
법 무 거 래 종 차 명

법무거래종이란
별명이 생겼다.

(2) 중유론(中有論)

前滅後卽無中有
전 멸 후 즉 무 중 유

또 사람이 죽으면 죽자마자
다시 태어나 중유가 없다하고

五種色根肉團體　　　5종색근(눈·귀·코·혀·몸)
오 종 색 근 육 단 체　　은 육단체이고

一切法處非所知　　　일체법처는 알 수
일 체 법 처 비 소 지　　있는 것이 아니다.

五色身染斷迷惑　　　5색 신근은 물이 드나
오 색 신 염 단 미 혹　　미혹은 끊을 수 있다.

睡眠異纏不相應　　　수면은 전(번뇌)과 달라[10]
수 면 이 전 불 상 응　　마음에 따르지 않는다 하였다.

(3) 법체론(法體論)

現象有爲本體無　　　현상은 유위이나
현 상 유 위 본 체 무　　본체는 무위

色心不相因緣法　　　색심 불상응법은
색 심 불 상 인 연 법　　인연법이고

擇滅非擇虛空邊　　　택멸 비택멸
택 멸 비 택 허 공 변　　허공 공무변처

識無所有非想處　　　식처 무소유처
식 무 소 유 비 상 처　　비상비비상처

---

10) 隨眠은 心王心所도 아니므로 所緣이 없다. 또 수면은 纏(번뇌)의 종자이
　　고, 전은 理起의 번뇌이므로 다르다 한 것이다.

緣起道支無爲法　　연기 도지(8성도)는
연 기 도 지 무 위 법　　무위법이다.

(4) 견도와 수도(見道, 修道)

世間正見無信根　　세간에는 정견도
세 간 정 견 무 신 근　　신근도 없다.

苦引能助慧行樂　　고통을 이끌어 수행함으로써
고 인 능 조 혜 행 락　　혜행을 얻어 즐긴다.

見道修道方便道　　견도 수도
견 도 수 도 방 편 도　　방편도

無學聖中阿羅漢　　무학성 가운데
무 학 성 중 아 라 한　　아라한이 있다.

(5) 성인관(聖人觀)

大衆部派聖人觀　　대중부의
대 중 부 파 성 인 관　　성인관을 보면

大天五事羅漢觀　　대천의 5사는
대 천 오 사 나 한 관　　나한관이고

白象入胎菩薩觀
백 상 입 태 보 살 관

흰코끼리 타고 태에 드는
것은 보살이며,

無漏不壞法性身
무 루 불 괴 법 성 신

번뇌가 없고 부서지지
않는 것은 불신이다.

所謂煩惱不淨漏
소 위 번 뇌 부 정 루

말하자면 번뇌루와 부정루
두 가지가 있는데

先無後有阿羅漢
선 무 후 유 아 라 한

아라한이 되면 번뇌루는
없으나 부정루는 있다.

無學聖者二無智
무 학 성 자 이 무 지

무학성자에게도
두 가지 무지가 있다.

染汚及不染汚智
오 염 급 불 염 오 지

염오지와 불염오가
그것이다.11)

前者除去後有智
전 자 제 거 후 유 지

전자는 제거할 수 있지만
뒤에 것은 오히려 남아 있다.

亦有二疑成羅漢
역 유 이 의 성 나 한

또한 나한이 되어도 두 가지
의심이 있을 수 있으니

---

11) 染汚無知는 無明과 相應하는 것이고, 不染汚無知는 無明과 상응하지 않는 것이다. 이것은 성문 연각도 능히 끊지 못하기 때문이다.

睡眠生及處非處
수 면 생 급 처 비 처

수면생과
처비처이다.

前者完無後有一
전 자 완 무 후 유 일

앞에 것은 없어도
뒤에 것은 남아 있다.

阿羅漢有聖慧眼
아 라 한 유 성 혜 안

아라한이 되면
성혜안이 열려

自得解脫無證智
자 득 해 탈 무 증 지

스스로 해탈을 얻어야
하는데 증지가 없어

如何他令入證智
여 하 타 령 입 증 지

어떻게 남의 인정을
받아야 합니까.

是謂羅漢缺占知
위 시 나 한 결 점 지

그것이 바로 아라한의
결점인 줄 알라.

大天夢中記惡事
대 천 몽 중 기 악 사

대천이 꿈 가운데서
악한 일을 기억하고

苦哉苦哉煩悶時
고 재 고 재 번 민 시

괴롭고 괴롭다
번민하자

聖者至聖何苦哉
성 자 지 성 하 고 재

성자는 지성인데 어찌하여
괴롭다 하십니까 하니

高聲警覺是苦哉
고 성 경 각 시 고 재

높은 소리로 고통을 깨닫는
것이 아라한이다 하였다.

是謂大天五事件
시 위 대 천 오 사 건

이것이 대천의
다섯 가지 사건인데

上座不認非佛敎
상 좌 불 인 비 불 교

상좌들께서는 비불교라
인정하지 않았으나

此是羅漢不足事
차 시 나 한 부 족 사

이것은 아라한의 부족한
점을 지적한 것이므로

後世佛敎至影響
후 세 불 교 지 영 향

후세불교에 지대한
영향을 주었다.

(6) 보살관(菩薩觀)

菩薩入胎頓大根
보 살 입 태 돈 대 근

보살은 태에 들어 당장
4대 6근이 생기고

右脇誕生標中道
우 협 탄 생 표 중 도

오른쪽 옆구리로 태어난
것은 중도를 표한 것

百劫修行無起三
백 겁 수 행 무 기 삼

백겁동안 수행하여 3상(欲·
恚·害)을 일으키지 않고

願生業趣度衆生
원 생 업 취 도 중 생

원력으로 업취에 태어나
중생을 제도한다.

(7) 불타관(佛陀觀)

佛陀完全人格者
불 타 완 전 인 격 자

불타는 완전한
인격자

佛身亦如金剛身
불 신 역 여 금 강 신

깨달은 몸은
그대로 금강신이고

證法無漏無繁縛
증 법 무 루 무 번 박

깨달은 법 또한
무루라 얽힘이 없다.

一音說法皆如意
일 음 설 법 개 여 의

한 소리로 법문해도 일체
중생이 뜻대로 알아듣는다.

威德無邊不作意
위 덕 무 변 부 작 의

위덕이 무변하나 억지로
꾸민 것이 아니고

不厭衆生利益事
불 염 중 생 이 익 사

중생의 이익을 위해선
무엇이고 싫어하는 일이 없다.

定中無夢何昏睡
정 중 무 몽 하 혼 수

정중에서도 꿈이 없는데
어찌 혼수가 있으랴.

問運能答無加行 묻고 답변하되
문 운 능 답 무 가 행 가행이 없다.

一刹那中一切法 한 찰나 속에서
일 찰 나 중 일 체 법 일체법을 알고

如來一心通世界 한마음 속에서
여 래 일 심 통 세 계 세계를 통했다.

了了自性無差別 확실히 자성을 알아
요 료 자 성 무 차 별 차별하지 않고

壽窮無量智無量 한량없는 수량과
수 궁 무 량 지 무 량 지혜를 가지고 있다.

(8) 설일체유부와 계윤부(說一切有部及鷄胤部)

然而大衆一説部 그렇지만
연 이 대 중 일 설 부 대중부·일설부

説出世部鷄胤部 설출세부·
설 출 세 부 계 윤 부 계윤부에서는

本末不同異義生 본말이 같지 않아 이의가
본 말 부 동 이 의 생 생긴 것이 있으니

Ⅳ. 부파불교(部派佛敎) 51

簡但解說以下記
간 단 해 설 이 하 기

간단히 해설하여
기록하면 아래와 같다.

① 사제돈점(四諦頓漸)

一位四諦頓漸觀
일 위 사 제 돈 점 관

첫번째는 4제를 돈점으로
보는 것이 차이가 있으니

本宗總了四諦頓
본 종 총 료 사 제 돈

본종에서는 4제를 한꺼번에
깨달아 알라 하는데

末宗次第十六觀
말 종 차 제 십 육 관

말종에서는 차례로
16관을 하여

頓漸修行諦了識
돈 점 수 행 제 료 식

점점 수행하여 진리를
확실하게 깨달았다 한다.

② 제법의 생기차제(諸法生起次第)

二位諸法生起第
이 위 제 법 생 기 제

두번째는 모든 법의
생기차제를

自作他作俱所作
자 작 타 작 구 소 작

스스로 짓고 남이 짓고
함께 짓고 인연 따라 지어

衆緣報酬苦樂受
중 연 보 수 고 락 수

고락을 함께 또는
각각 받게 되는데

不定相應犢子量
부정상응독자량

상응·독자·정량부는
이를 부정하고

大衆末派部分肯
대중말파부분긍

대중부 말파에서는 이를
부분적으로 긍정하였다.12)

③ 육식동별(六識同別)

三位時心俱起題
삼위시심구기제

세번째는 마음이
한꺼번에 일어나느냐

六識所依根各別
육식소의근각별

6식 6근을 의지하여 따로따로
일어나느냐 하는 문제인데

對像境界亦各別
대상경계역각별

대상경계도 각각
다르기 때문에

故以六識各分別
고이육식각분별

그래서 6식이 각각
다르게 분별한다 하였다.

一時俱起多和合
일시구기다화합

그러나
이부종륜논에서는

宗輪論說是分明
종륜논설시분명

이것이 일시에 함께
일어나 화합된 것이라 하는데

---

12) 상응·독자·정량부는 자타 공동작을 부정하는데, 대중부 말파들 가운데 서는 자기가 지은 것도 때론 받지 않는 것도 있고 남이 지은 것도 함께 받는 것도 있다고 주장한다.

本宗無關無記述
본 종 무 관 무 기 술

본 종에서는 관심 없어
기술하지 않았다.

故以同異亦分明
고 이 동 이 역 분 명

그러므로 같으면서도
다른 것이 분명하다.

④ 도와 번뇌(道, 煩惱)

第四問題道煩惱
제 사 문 제 도 번 뇌

네번째 문제는
도와 번뇌 문제이다.

道與煩惱各具現
도 여 번 뇌 각 구 현

도와 번뇌는 각각
함께 나타난다.

但只睡眠屬煩惱
단 지 수 면 속 번 뇌

단지 수면만은
번뇌에 속하여

最後道通俱生起
최 후 도 통 구 생 기

최후에 도를 통할
때 까지도 함께 한다.

⑤ 업과 이숙(業, 異熟)

第五業果異熟題
제 오 업 과 이 숙 제

다섯번째는 업과
이숙에 대한 문제이다.

業與異熟俱時轉
업 여 이 숙 구 시 전

업과 이숙은
함께 굴러간다.

故生業因後熟果 그러므로 먼저 업인이 있고
고 생 업 인 후 숙 과 뒤에 과가 있다.

然而末宗同時俱 그러나 말종에서는 동시에
연 이 말 종 동 시 구 굴러 간다 보고 있다.

⑥ 색심전변(色心轉變)

第六色心轉變說 여섯번째는 색심이 어떻게
제 육 색 심 전 변 설 변해 가느냐 하는 문제다.

種因爲牙轉變義 씨에서 싹이 트므로
종 인 위 아 전 변 의 변했다고 할 수 있지만

心心所法無變義 마음과 마음의 법은
심 심 소 법 무 변 의 변치 않는다.

譬如乳酪麥芽葉 마치 우유에서 요구르트가 나오고
비 여 유 락 맥 아 엽 보리에서 싹이 트는 것과 같다.

⑦ 세의식(細意識)

第七問題細意識 일곱번째는
제 칠 문 제 세 의 식 세의식에 관한 문제이다.

心邊於身能覺受 마음은 온몸에 꽉 차 있으므로
심 변 어 신 능 각 수 능히 깨달음을 받아들인다.

Ⅳ. 부파불교(部派佛敎)

心隨於境卷舒得 마음은 경계 따라 펴고 쥐는
심 수 어 경 권 서 득 것을 자유자재하므로

譬如雷山蚊毛端 우레 소리 큰 산 모기소리
비 여 뢰 산 문 모 단 털끝까지도 모두 안다.

本宗同義多聞部 다문부에서는
본 종 동 의 다 문 부 본종과 같이

佛音共通漏無漏 부처님 음성은
불 음 공 통 누 무 루 누·무루에 다 통하고

羅漢五事上同義 아라한 5사도
나 한 오 사 상 동 의 뜻이 같으며

其餘敎理同有部 그 나머지 교리는
기 여 교 리 동 유 부 일체유부와 같다.

本宗同意說假部 설가부의
본 종 동 의 설 가 부 본종 동의를 말한다면

諸行相待轉轉合 모든 존재는 서로가 상대하여
제 행 상 대 전 전 합 화합하여 굴러가지만

假名爲苦非五蘊 고통은 가명,
가 명 위 고 비 오 온 실제 5온은 아니다.

處界假設蘊眞意
처 계 가 설 온 진 의

12처 18계는 가설이고
5온 만이 진실하다.

⑧ 생사업과 무루도(生死業, 無漏道)

無非時死先業得
비 무 시 사 선 업 득

죽는 것은 전생의 업
아닌 것 없다.

業因增長異熟果
업 인 증 장 이 숙 과

업인이 이숙과를
형성, 증장한다.

聖道起福不可修
성 도 기 복 불 가 수

성도는 복을 짓는데서 얻어지지
닦아서 되는 것이 아니다.

無漏聖道不可壞
무 루 성 도 불 가 괴

이 없는 성도는
가히 파괴할 수 없다.

制多西山北山住
제 다 서 산 북 산 주

제다산부·서산주부
북산주부에서는

菩薩不脫惡業趣
보 살 불 탈 악 업 취

보살은 악취에서
벗어나지 않는다.

未得忍位異生故
미 득 인 위 이 생 고

인위를 얻지 못하면
이생을 받기 때문이다.

窣波供養不得道
쉐 파 공 양 부 득 도

쉐도파에 공양해도
대도는 얻지 못한다.

5. 상좌부의 교리관(上座部敎理觀)

(1) 설일체유부의 교리관(說一切有部敎理觀)

① 초기단신봉경율(初期但信奉經律)

大衆五事十事法 대 중 오 사 십 사 법	대중부의 5사와 10사법을
排斥繼承傳統敎 배 척 단 승 전 승 교	배척하고 전통적인 불교를 계승
一味和合大敎團 일 미 화 합 대 교 단	일미로 화합 대교단을 형성했는데
但信經律賤論藏 단 신 경 율 천 륜 장	단지 경・율만 믿고 논장을 천시했다.

② 가다연니발지론(迦多衍尼發智論)

迦多衍尼對法藏 가 다 연 니 대 법 장	그런데 가다연니자가 법장을 대하여
先弘後傳經律部 선 홍 후 전 경 율 부	먼저 펴고 경율을 나중에 전하니

守舊上座雪山部
수구상좌설산부

전통을 지키는 상좌부는
설산에 들어가 설산부가 되고

新進發智總佛敎
신진발지총불교

신진들은 발지론을 지어
총체적인 불교를 하게 되었다.

③ 제법분류명색론(諸法分類名色論)

上座有部現象論
상좌유부현상론

상좌 유부의
현상론은

諸法分類名色二
제법분류명색이

모든 법을 명·색
두 가지로 분류하고

三世實有法體恒
삼세실유법체항

3세도 실제 있고 법체도
항상 한다 보았다.

④ 무표색과 불상응(無表色, 不相應)

一切法處無表色
일체법처무표색

일체 법처는
무표색

心所無爲所知識
심소무위소지식

심소·무위·소지는
식의 대상이라 하여

有部所見正反對
유부소견정반대

유부의 소견과는
정반대로 주장

生住異滅不相應 생·주·이·멸은 마음에
생 주 이 멸 불 상 응 상응하지 않는다 하였다.

⑤ 식신청정문제(識身淸淨問題)

有染無離五識身 전 5식은 물이 들어
유 염 무 리 오 식 신 모든 것을 여의지 못한다.

但取自相無分別 단지 자상을 취할 뿐
단 취 자 상 무 분 별 분별하지 않는다.

心心所法體各有 심심소법은
심 심 소 법 체 각 유 체가 각각 있어

自性不與相應行 자성은 자성으로 더불어
자 성 불 여 상 응 행 상응하지 않는다고 말한다.

⑥ 유위법과 무위법(有爲法, 無爲法)

一切睡眠皆心所 일체 수면은
일 체 수 면 개 심 소 다 심소로써

與心相應所緣境 마음으로 더불어 상응하고
여 심 상 응 소 연 경 반연의 경계가 된다.

有爲相別有實體 유위상에는 따로
유 여 상 별 유 실 체 실체가 없고

無爲空擇非擇滅　　　　무위에는 허공·택멸
무 위 공 택 비 택 멸　　　비택멸이 있다고 말한다.

⑦ 정견수행(正見修行)과 유·무루(有·無漏)

實踐修行正見信　　　　실천 수행은 정견을
실 천 수 행 정 견 신　　　신근으로 삼고

見道修道四向果　　　　견도 수도 4향 4과를
견 도 수 도 사 향 과　　　향해 나아가나

預流無退羅漢退　　　　예류는 타락하지 않으나
예 류 무 퇴 나 한 퇴　　　나한은 타락한다.

欲界頂上無無漏　　　　욕계의 정상에도
욕 계 정 상 무 무 루　　　무루는 없다.

⑧ 단혹증리(斷惑證理)

四靜慮攝四念住　　　　4정려는 4염주에
사 정 려 섭 사 념 주　　　포섭된다.

不依靜慮入見道　　　　정려를 의지하지 않고도
불 의 정 려 입 견 도　　　견도에 들 수 있다.

欲色四諦斷見惑　　　　욕색 4제로서
욕 색 사 제 단 견 혹　　　견혹을 끊고

貪瞋九品履修惑 탐내고 성내고 9품혹을
탐 진 구 품 리 수 혹 차례로 닦으면

四禪八定次第地 4선 8정이
사 선 팔 정 차 제 지 순서를 따라

方便道行無學果 방편 따라 도를 닦아
방 편 도 행 무 학 과 무학과를 얻을 때

無苦安穩得涅槃 고통 없이 편안한
무 고 안 온 득 열 반 열반도를 얻는다 하였다.

靜慮所得無學聖 정려를 닦아
정 려 소 득 무 학 성 무학성자가 되었더라도

惑脫退轉再修定 혹 탈·퇴전하여 다시
혹 탈 퇴 전 재 수 정 선정을 닦는 수가 있다.

前生業障不救贖 전생업장은 구속치
전 생 업 장 불 구 속 못하기 때문에

增長福業兩足尊 복을 닦아
증 장 복 업 양 족 존 양족존이 된다.

⑨ 보살관(菩薩觀)

部派佛教菩薩觀 부파불교
부 파 불 교 보 살 관 보살관

諸餘未斷異生受
제여미단이생수

남은 것을 마저 끊지 못하면
이생범부가 된다.

正性離生已入地
정성이생이입지

바른 성품 생을 떠나
지에 들었다 하더라도

未脫凡夫超越身
미탈범부초월신

범부심을 벗지 못하면
초월신을 얻지 못한다.

⑩ 불타관(佛陀觀)

佛陀人間非超人
불타인간비초인

부처님도 인간이다.
초월한 사람이 아니다.

但只一音一切法
단지일음일체법

단지 한 음성으로
일체법을 설하고,

無緣衆生等慈悲
무연중생등자비

인연 없는 중생에게도
평등하게 자비를 베풀어

蓮花不着心虛空
연화불착심허공

연꽃처럼 집착없이 마음을
허공과 같이 썼을 뿐이다.

⑪ 삼유의 인과 무기성(三有因, 無記性)

一切諸法刹那滅
일체제법찰나멸

일체 모든 법은
찰나에 멸한다.

身受心法四念住
신 수 심 법 사 념 주

신·수·심·법
4염주는

一切諸法皆抱攝
일 체 제 법 개 포 섭

일체 모든 법을 다
포섭하고 있다.

善因三有無記性
선 인 삼 유 무 기 성

선도 3유의 씨가 되고
무기성도 있다.

⑫ 정중심사(靜中尋伺)

定中無語尋通漏
정 중 무 어 심 통 루

정중에는 말이 없으나
심사는 무루로 통한다.

在等引位不命終
재 등 인 위 불 명 종

정중에서는
죽는 법이 없고

靜慮無漏出世路
정 려 무 루 출 세 로

정려는 무루 출세의
지름길이다.

⑬ 외도와 불교(外道, 佛敎)

北俱盧州無上天
북 구 로 주 무 상 천

북구로주와
무상천에는

離染聖者不出世
이 염 성 자 불 출 세

이염성자가
나지 않는다.

外道亦是得悟道　　　외도 역시
외 도 역 시 득 오 도　　신통을 얻으니

外道聲聞佛三差　　　외도 성문 부처님은
외 도 성 문 불 삼 차　　차이가 있다.

⑭ 천상범행(天上梵行)

有有天上梵行者　　　천상에도 범행자가
유 유 천 상 범 행 자　　있다 하나

化地雪山異部説　　　화지 설산의
화 지 설 산 이 부 설　　설이 다르다.13)

以上簡略有部説　　　이상으로써 일체 유부의
이 상 간 략 유 부 설　　학설을 간략히 설했다.

衆多無邊此止説　　　여러 가지가 끝도 갓도
중 다 무 변 차 지 설　　없으므로 여기서 그친다.

(2) 기타 각주부의 같고 다른 점(其他各主部同異点)

① 설산주부본종의(雪山住部本宗義)

雪山住部本宗義　　　설산주부의
설 산 주 부 본 종 의　　본종의는

---

13) 화지·설산에서는 6욕천상에는 범행자가 있을 수 없기 때문이다.

大天五事羅漢觀
대 천 오 사 나 한 관

대천 5사의
아라한 관과

菩薩異生不起貪
보 살 이 생 불 기 탐

보살은 범부 이생이지만
탐애심을 일으키지 않고

外道五通不得說
외 도 오 통 부 득 설

외도는 5통을
얻을 수 없다 하고

天中無梵樂具欲
천 중 무 범 락 구 욕

천중에는 범행자가 없다.
5욕으로써 낙을 삼기 때문이다.

② 독자주부본종의(犢子住部本宗義)

犢子住部本宗義
독 자 주 부 본 종 의

독자부의
본종의는

諸法分類五藏說
제 법 분 류 오 장 설

제법을 모두
5장으로 분류했는데

三世有爲不可說
삼 세 유 위 불 가 설

3세 유위 불가설이
그것이다.

補特伽羅實我說
보 특 가 라 실 아 설

보특가라 실아설을
주장했다.

色心二法三世存
색 심 이 법 삼 세 존

색·심 두 법은
3세에 존재한다.

三種涅槃本體論	3종열반(有餘・無餘・
이 종 열 반 본 체 론	灰身滅智)이 이 본체론이니
有學無學非無學	유학・무학・비무학이
유 학 무 학 비 무 학	그것이다.
四諦忍名相第一	4제를 인증하여
사 제 인 명 상 제 일	명상 제일에 나아가면
實踐修道行爲論	이것이 실천
실 천 수 도 행 위 론	수도행이다.

③ 법상현주의 문구차(法上賢胄文句差)

犢子流派法上部	독자유파는
독 자 류 파 제 상 부	법상부
賢胄正量密林四	현주부・정량부・
현 위 정 량 밀 림 사	밀림산부 넷이다.
平常誦句解析差	평상시 외우는 글의
평 상 송 구 해 석 차	해석 차이로
四派分裂各部立	4파가 분열
사 파 분 열 각 부 립	각부가 세워졌다.

| 已解脫更墮 | 이미 해탈했다가도 |
| 이 해 탈 갱 타 | 다시 타락할 수 있다. |

| 墮由貪復還 | 탐애로 말미암아 타락했으나 |
| 타 유 탐 복 환 | 다시 돌아가기 때문이다. |

| 護安喜所樂 | 안락하고 기쁜 곳을 |
| 호 안 희 소 락 | 향해 즐겨 살아가면 |

| 墮落行至樂 | 타락 속에서도 낙을 행해 |
| 타 락 행 지 락 | 지락에 이른다. |

| 法上正義阿羅漢 | 법상부에서는 이 글이 |
| 법 상 정 의 아 라 한 | 아라한을 정의한 것으로써 |

| 退思護法安住法 | 퇴법・사법・ |
| 퇴 사 호 법 안 주 법 | 호법・안주법 |

| 堪建不動六種法 | 감건법・부동법 |
| 감 건 부 동 육 종 법 | 6종법이다 하고 |

| 初二句是退羅漢 | 앞의 2구는 타락한 |
| 초 이 구 시 퇴 라 한 | 아라한에 대해서 쓰고 |

| 後二句住釋羅漢 | 뒤에 2구는 나한과에 주한 분 |
| 후 이 구 주 석 라 한 | 들을 해석한 것이다 하였는데 |

| 賢胄初二聲聞明 | 현주부에서는 초 2구는 |
| 현 위 초 이 성 문 명 | 성문을 밝힌 것이고 |

第三獨覺四羅漢
제 삼 독 각 사 라 한

3구는 독각
4구는 나한

五六兩句眞佛釋
오 육 양 구 진 불 석

5·6 양구는 진짜 부처님에
대해서 해석한 것이다 하였으며,

正量初句預流果
정 량 초 구 예 류 과

정량에서는
초구는 예유과

一來向果二三句
이 래 향 과 이 삼 구

일래향과는
2,3구이고

不還向果四五句
불 환 향 과 사 오 구

불환향과는
4,5구이며

意樂涅槃第六句
의 락 열 반 제 육 구

의락열반 아라한과가
제6구이다.

密林同解六羅漢
밀 림 동 해 육 라 한

밀림산부도 똑같이
6종 나한으로 해석하였다.

④ 화지부의 본종동의(化地部本宗同義)

本宗同義化地部
본 종 동 의 화 지 부

화지부의
본종동의는

現象本體聖人論
현 상 본 체 성 인 론

현상론과 본체론
성현론으로 나누어

Ⅳ. 부파불교(部派佛敎) 69

次第分析易理解　　　차례로 분석하여 이해하기
차 제 분 석 역 리 론　쉽게 하였으니

過未無體現在有　　　과거 미래는 체가 없고
과 미 무 체 현 재 유　현재만 있다고 하였다.

刹那生滅暫時有　　　모든 것은 찰나 생멸
찰 나 생 멸 잠 시 유　가운데 잠깐 있을 뿐

定無中有中陰身　　　결정코 중유의
정 무 중 유 중 음 신　중음신은 없다.

六識心王尋伺應　　　육식 심왕은
육 식 심 왕 심 사 응　심사 만 하고

但只睡眠不相應　　　단지 수면과는 상응하지
단 지 수 면 불 상 응　않는다 하였다.

九種無爲本體論　　　본체론엔 9종의
구 종 무 위 본 체 론　무위가 있는데

擇滅非擇空不動　　　택멸·비택멸·
택 멸 비 택 공 부 동　허공·부동·

善不善法無記眞　　　선법·불선법진여·
선 불 선 법 무 기 진　무기진여

道支眞如緣起眞
도 지 진 여 연 기 진

도지진여・연기진여가
그것이다.

無漏正見善慧信
무 루 정 견 선 혜 신

이 없는 바른 견해로
바른 지혜를 믿고 수행하라

羅漢增長福業生
나 한 증 장 복 업 생

나한은 복업을
증장하는 데서 생긴다.

補特伽羅必存在
보 특 가 라 필 존 재

보특가라는
반드시 있다.

預流有退羅漢無
예 류 유 퇴 라 한 무

예유는 타락하나
나한은 타락하지 않는다.

佛在僧中大果者
불 재 승 중 대 과 자

부처님도 스님의 한 분이지만
대과를 얻은 자다.

三乘同一道解脫
삼 승 동 일 도 해 탈

3승이 똑같이 한 도로서
해탈한다.

八支聖道念住攝
팔 지 성 도 념 주 섭

8지성도는
4염주에 속하고

異生不斷欲貪瞋
이 생 부 단 욕 탐 진

이생은 3독을
끊지 못한다.

| 外道不得五神通 | 외도는 5신통을 |
| 외 도 부 득 오 신 통 | 얻을 수 없고 |

天中無梵靜慮漏
천 중 무 범 정 려 루

천당에는 범행이 없다.
정려는 무루선이다

尋伺無漏善非因
심 사 무 루 선 비 인

심사는 무루이고 선에는
씨가 있지 않다.

以上諸說化地說
이 상 제 설 화 지 설

이상의 모든 학설이
화지부설인데

末種異義不一二
말 종 이 의 불 일 이

이설 가운데 이의를 제기한
것이 한두 가지가 아니다.

過未實有中有反
과 미 실 유 중 유 반

과거 미래가 실제 있다 주장한 자들
도 있고, 중유를 반대한 자도 있다.

一切法處皆所知
일 체 법 처 개 소 지

일체법처는
다 알 수 있고,

業是實思無身語
업 시 실 사 무 신 어

업은 실제 생각에 있고
몸과 말에 있는 것이 아니다.

諸法生滅非剎那
제 법 생 멸 비 찰 나

제법은 찰나에 생멸하는
것이 아니고

尋伺相應二俱起
심 사 상 응 이 구 기

심사 두 법은
서로 상응한다.

塔婆供養小獲果
탑 파 공 양 소 획 과

탑파에 공양해도
얻은 과는 적고

睡眠自性恒居存
수 면 자 성 항 거 존

수면의 자성은
언제나 존재한다.

無明貪愛見諸業
무 명 탐 애 견 제 업

무명・탐애, 모든
견해와 업은

有情繫縛生死獄
유 정 결 박 생 사 옥

유정을 얽어 생사의
옥에 들게 하여 가둔다.

⑤ 법장부본종동이(法藏部本宗同異)

法藏或名曇無德
법 장 혹 명 담 무 덕

법장부를
혹 담무덕

或稱法護法蜜部
혹 칭 법 호 법 밀 부

혹은 법호・법밀부라
부르기도 한다.

佛在僧眾別布施
불 재 승 중 별 보 시

부처님은 스님 가운데 있으나
따로 보시하였고

窣堵波供廣大果
쇄 도 파 공 광 대 과

쇄도파에 공양하면 넓고
큰 과를 받는다 하였다.

佛與二乘同解脫　　부처님과 이승은
불 여 이 승 동 해 탈　　해탈한 것은 같지만

見道修道擇滅異　　견도 수도 택멸한
견 도 수 도 택 멸 이　　것이 다르다.

外道得道如化地　　외도가 도를 얻는 것에
외 도 득 도 여 화 지　　대해서는 화지부와 같고

羅漢皆是無漏人　　나한은 모두
나 한 개 시 무 루 인　　무루인이라 보았다.

⑥ 음광부의 학설(飮光部學說)

飮光或爲善歲部　　음광부를 혹
음 광 혹 위 선 세 부　　선세부라고도 부른다.

現象法藏多同義　　현상계는 법장부와
현 상 법 장 다 동 의　　비슷하게 보았으나

一切行皆刹那滅　　일체 모든 것은
일 체 행 개 찰 나 멸　　찰나에 멸한다 보고

若法惑斷已遍知　　만일 혹을 끊으면 모든 것을
약 법 혹 단 이 변 지　　두루 알아 해탈하고

未斷實有未遍知
미 단 실 유 미 변 지

그렇지 못하면 실제로
남아 있어 해탈하지 못한다.

有學聖人異熟果
유 학 성 인 이 숙 과

유학성인도 신체변혁의 이숙
과를 얻을 수 있다 보았다.

⑦ 경량부의 학설(經量部學說)

次第經量教理觀
차 제 경 량 교 리 관

다음 또 경량부의
교리관을 살펴보면

第一現象法體論
제 일 현 상 법 체 론

제1
현상법체론은

過未無體現在實
과 미 무 체 현 재 실

과거와 미래는 체가 없으나
현재에는 실재하고

正生正滅正否認
정 생 정 멸 정 부 인

생과 멸이 있다는
것을 부인했으며,

有爲刹那暫住說
유 위 찰 나 잠 주 설

유위법은 찰나 동안
잠깐 머물렀다 간다보고

生住四相假立名
생 주 사 상 가 립 명

생·주·이·멸 4상은
거짓 이름뿐이다.

待因緣生滅不待
대 인 연 생 멸 부 대

살 때는 인연을 기다리나
갈 때는 홀로 간다.

因緣所有非實有
인 연 소 유 비 실 유

있는바 모든 인연은
실제 있는 것이 아니다.

異熟因果唯心上
이 숙 인 과 유 심 상

이숙인과는 오직
마음속에 나타난 것

諸法漸次有生滅
제 법 점 차 유 생 멸

모든 법은 시간 따라
점차 생멸한다.

種子色心互熏説
종 자 색 심 호 훈 설

종자와 색심은
서로 서로 훈습한다.

過未無體刹那有
과 미 무 체 찰 나 유

과거 미래에는 체가 있으나
현재는 찰나사이 존재한다.

信行異時因果説
신 행 이 시 인 과 설

이시인과설을 믿고
동시인과를 부정한다.

補特伽羅種子生
보 특 가 라 종 자 생

보특가라는
종자속에 존재한다.

三科蘊處假界實
삼 과 온 처 가 계 보

3과 가운데 온처는 가설이고
18계만 진실이다.

五根五境及四大　　　5근 5경
오근오경급사대　　　4대 색

十四種色有對無　　　14종 가운데 유대색과
십사종색유대무　　　무대색이 있다

有對無對障碍名　　　유대 무대는 장애가 있느냐
유대무대장애명　　　없느냐에서 생긴 이름

無表無實正否定　　　무표색은 실체가
무표무실정부정　　　없으므로 부정하고

法處分析不可色　　　법처는 분석이
법처분석불가색　　　불가능하므로 부정했다.

身語意業攝思一　　　신·어·의업은 하나의
신어의업섭사일　　　생각에 포섭된다.

顯色實有形非實　　　현색은 실재 있으나
현색실유형비실　　　형색은 실재하지 않는다.

無心所說唯心王　　　심소는 말을 못하고
무심소설유심왕　　　오직 마음의 왕이 지시한다.

尋伺別無三界有　　　심사는 따로 없으나
심사별무삼계유　　　3계는 존재한다.

觸是假法和合者
촉 시 가 법 화 합 자

촉도 가법이다. 근·경·식이
합한 곳에서 나기 때문에

夢非實有無境界
몽 비 실 유 무 경 계

꿈은 실재가 아니기 때문에
경계가 따로 없다.

二種借起識否定
이 종 차 기 식 부 정

식은 두 가지 이상 함께
일어나지 못한다.

三界有情皆六識
삼 계 유 정 개 육 식

삼계 유정은 모두
6식을 가지고 있으나

外門轉識內不用
외 문 전 식 내 불 용

밖으로 식을 굴리고 있으나
안에서는 작용하지 않는다.

心心所法前後生
심 심 소 법 전 후 생

마음과 마음법은
전후로 이어서 생긴다.

故心與心等無間
고 심 여 심 등 무 간

그러므로 마음과
마음의 간격이 없다.

一心純粹全無雜
일 심 순 수 전 무 잡

일심은 순수하여
전혀 잡된 것이 없다.

滅盡定中微細心
멸 진 정 중 미 세 심

멸진정 가운데
미세한 마음이 있으니

無有有情無色者　　　유정으로서는
무 유 유 정 무 색 자　　무색자가 있지 않지만

若定無心命根斷　　　만일 선정 중에 무심에
약 정 무 심 명 근 단　　들어가면 명근이 끊어진다.

五識過去無體起　　　5식은 과거의
오 식 과 거 무 체 기　　체가 없고

六識供起不可能　　　6식은 한꺼번에 일어나는
육 식 공 기 불 가 능　　것이 불가능하다.

然而五識無染污　　　그러므로 5식은
연 이 오 식 무 염 오　　물들어 있지 않다.

色心二元無實體　　　색심은 두 가지나
색 심 이 원 무 실 체　　원래 실체가 없다.

得及非得名句文　　　득과 비득
득 급 비 득 명 구 문　　명·구·문과

生住異滅皆否定　　　생·주·이·멸을
생 주 이 멸 개 부 정　　모두 부정하고

同分無想命根假　　　동분과·무상·명근도
동 분 무 상 명 근 가　　모두 가설로 보았다.

本體實有亦否定
본 체 실 유 역 부 정

본체가 실제 있다고 하는
것도 부정하였다.

名色苦諦業煩集
각 색 고 제 업 번 집

명색은 고제이고
업과 번뇌는 집이며

煩盡滅諦止觀道
번 진 멸 제 지 관 도

번뇌가 다하면 멸제가 나고
지관을 닦으면 도가 된다.

衆生根機多差別
중 생 근 기 다 차 별

중생의 근기는
차별이 많고

煩惱愛慧有相續
번 뇌 애 혜 유 상 속

번뇌나 사랑 지혜는
상속되는 경우가 있다.

薩迦耶見無所緣
살 가 야 견 무 소 연

살가야견은
소연이 없고

一切煩惱不善說
일 체 번 뇌 불 선 설

일체번뇌는 선한 것이
아니라 말했다.

睡眠二種增煩惱
수 면 이 종 증 번 뇌

수면에는 2종이 있는데
번뇌를 불어나게 한다.

所緣隨增相應增
소 연 타 증 상 응 증

소연증과 상응증이
그것이다.

⑧ 구마라다스님의 업력관(鳩摩邏多僧業力觀)

| 無有世俗斷煩惱 | 세속에 있으면서는 |
| 무유세속단번뇌 | 번뇌를 다 끊을 수 없다. |

但能伏纏永斷義　　숨어 있는 번뇌를 끊어야
단 능 복 전 영 단 의　　영원이 끊을 수 있다.

鳩摩羅多業轉易　　구마라다스님은
구 마 라 다 업 전 이　　업은 쉽게 굴러가므로

順生順後不決定　　순생 순후를 결정할 수
순 생 순 후 불 결 정　　없다고 하였다.

⑨ 실이라다스님의 사제관 (實利邏多僧四諦觀)

實利邏多多少差　　실이라다는 다소
실 이 라 다 다 소 차　　차이를 갖고 있는데

四諦前二非聖諦　　4성제 가운데 앞의
사 제 전 이 비 성 제　　2는 성제가 아니고

後二滅道眞聖諦　　뒤의 멸제 2도 만이
후 이 멸 도 진 성 제　　진실한 성제다 하였다.

苦集二諦迷惑中　　고집 2제에
고 집 이 제 미 혹 중　　미혹하면

遍行疑惑修行法　　널리 수행한다 해도
변 행 의 혹 수 행 법　　의혹이 있게 된다.

⑩ 유부・대중부의 수면관(有部・大衆部 睡眠觀)

有部睡眠心相應
유부수면심상응

유부에서는 수면을
심상응으로 보았는데

大衆睡眠不相應
대중수면불상응

대중부에서는
불상응으로 보았다.

大衆二分纏睡故
대중이분전수고

대중부에서는 수면을
전과 수 두 가지로 보고

五蓋勝障解脫法
오개승장해탈법

5개(貪・瞋・痴・慢・疑)가 해탈법을
장애하기 때문이라 하였다.

⑪ 경량부의 성인관(經量部聖人觀)

經量部之聖人觀
경량부지성인관

경량부의
성인관을 보면

如來定散二種心
여래정산이종심

여래께서는 정・산
2종심을 가지고 있는데

梵福能生行福田
범복능생행복전

청정한 복을 내어
복전행을 실천한다.

舍利塔波第一福
사리탑파제일복

사리로서 탑을 세워
복을 짓게 하고

伽藍起處爲弟子
가 람 기 처 위 제 자

가람을 세워
제자들을 살게 하고

破戒者度和合衆
파 계 자 도 화 합 중

파계한 자도 제도하여
화합되게 하며

上三實踐眞梵福
상 삼 시 천 진 범 복

이상 세 가지를 실천하는 사람이
진짜 깨끗한 복인이라 하였다.

(3) 소결(小結)

以上部派二十種
이 상 부 파 이 십 종

이상
부파 20종

教理修行大綱説
교 리 수 행 대 강 설

교리 수행을
대강 설명하였다.

俱體工夫修學人
구 체 공 부 수 학 인

구체적으로 공부하고
수학하고자 하는 이는

見娑俱舍諸經論
견 사 구 사 제 경 론

바사론과 구사론 등
여러 경론을 보라.

V. 소승불교사상(小乘佛敎思想)

1. 자료(資料)

部派佛敎殘存勢　　부파불교의
부 파 불 교 잔 존 세　　잔존세력들이

部分特殊專門的　　부분적으로 특수하게
부 분 특 수 전 문 적　　전문적으로

發展論文後世傳　　발전하여 논문을 써
발 전 논 문 후 세 전　　후세에 전한 것이 있는데

通稱六論身小乘　　육족론 발지신론 등을
통 칭 육 론 신 소 승　　통칭 소승이라 부른다.

自稱大乘貶小乘　　자칭 대승인들이 그들을
자 칭 대 승 폄 소 승　　낮잡아 소승이라 불렀으나

其自專統固守派　　그들 자신은 전통을 잘
기 자 전 통 고 수 파　　고수한 파라 생각하고

| 一言半句不用小 | 일언반구도 소승이란 |
| 일 언 반 구 불 용 소 | 말을 쓰지 아니했다. |

| 以此我稱阿毘曇 | 그러므로 나도 |
| 이 차 아 칭 아 비 담 | 아비담종이라 불러왔다. |

| 阿毘達磨法蘊論 | 아비달마 |
| 아 비 달 마 법 온 론 | 법온족론 |

| 集異類足界身論 | 집이문론·유족론· |
| 집 이 류 족 계 신 론 | 계신족론 |

| 識身施設發智論 | 식신족론·시설족론· |
| 식 신 시 설 발 지 론 | 발지신론 |

| 其外除煩總七論 | 그밖에도 있지만 번거로우니 |
| 기 외 제 번 총 칠 론 | 제거하고 총합 7론이라 한다. |

(1) 아비달마 법온족론(阿毘達磨法蘊足論)

| 漢譯藏經目連造 | 한역 장경에서는 |
| 한 역 장 경 목 련 조 | 대목건련이 지었다 하고 |

| 梵藏所傳舍利弗 | 범어장경에서는 |
| 범 장 소 전 사 리 불 | 사리불 작으로 나온다. |

V. 소승불교사상(小乘佛敎思想)　85

南傳七論法集論　　　　　남전 7론에서는 법집론
남 전 칠 론 법 집 론　　　(Dhammasaṅi)이라 이해했고

實際內容分別論　　　　　실제 내용을 보면
실 제 내 용 분 별 론　　　분별론(Viphaṅga)이다.

佛陀說法總集論　　　　　부처님 일대 시교를
불 타 설 법 총 집 론　　　총괄적으로 집합해서

二十一品編集攝　　　　　21품으로 편집해
이 십 일 품 편 집 섭　　　놓았는데

學支淨果行聖種　　　　　학·지·정·
학 지 정 과 행 성 종　　　과·행·성종

正勝足念諦靜慮　　　　　정승·족·염·
정 승 족 념 제 정 려　　　제·정려

無量無色正覺支　　　　　무량·무색·
무 량 무 색 정 각 지　　　정·각지

雜根處蘊界緣起　　　　　잡·근·처·온·계·
잡 근 처 온 계 연 기　　　연기가 그것이다.

學殺盜婬妄飲酒　　　　　학은 살·도·음·망·음주
학 살 적 음 망 음 주　　　등 5학처를 가르친 것이고

支是四流淨四證
지 시 사 류 정 사 증

지는 4예류지,
정은 4증1)을 말한다.

四沙門果四道行
사 사 문 과 사 도 행

과는 4사문과 이고
행은 4도행2)

衣食臥足樂斷修
의 식 와 족 락 단 수

의복 음식 와구에 만족하며
즐겨 끊고 닦는 것,

其名四聖四正勝
기 명 사 성 사 정 승

그 이름이 4성종이고
4정승이다.

已未善惡斷增長
이 미 선 악 단 증 장

이미 생긴 악을 끊고 더 이상 못생기게 하고, 이미 생긴 선은 증장, 내지 못했던 선을 내게 한다.

足是三昧成神論
족 시 삼 매 성 신 론

족은 삼마지를 형성,
신족통을 이룩하게 한 것이니

欲勤心觀四神足
욕 근 심 관 사 신 족

욕·근·심·관 삼마디 승행
을 성취, 만족하는 것이다.

身受心法四念住
신 수 심 법 사 념 주

신·수·심·법
4념주와

---

1) 4증은 佛·法·僧 3보에 聖所愛淨을 더한 것.
2) 4사문과는 수다원·사다원·아나함·아라한과이고, 4도행은 苦遲苦速·樂遲樂速行이다.

| 苦集滅道四聖諦 | 고·집·멸·도 |
| 고 집 멸 도 사 성 제 | 4성제 |

欲惡不善有尋伺
욕 악 불 선 유 심 사

이욕·악·불선·심사가
4정려3)다.

慈悲喜捨四無量
자 비 희 사 사 무 량

자·비·희·사
4무량을 실천하면

念諸靜慮名無量
염 제 정 려 명 무 량

이것이 염·정려·
무량이라 한다.

空識所有非非想
공 식 소 유 비 비 상

공무변처·식무변처·
무소유처·비상비비상처

四無處上四修定
사 무 처 상 사 수 정

4무처 위에
4수정4)을 닦고

念法進喜輕定捨
염 법 진 희 경 정 사

염·택법·정진·희·경
안·정·사 등 7각지는

無色正覺三法蘊
무 색 정 각 삼 법 온

무색·정·각지 등
세 가지 법온족론이다.

---

3) 離生喜樂은 初禪定이고 尋伺寂靜內等淨 心一趣性無尋伺 無尋無伺 定生喜樂의 제2정려와 正念正離喜住捨 知身受樂 제3정려이고, 斷樂斷苦沒光喜憂 不苦不樂四念淸淨하면 제4정려가 된다.

4) 4수정은 닦고 익힘을 통해 ① 現法樂住를 증득한 사람이 ② 다시 닦고 익혀 수승한 知見을 내고 ③ 이어서 많은 修習을 통해 別解가 난 뒤 ④ 다시 정을 닦고 익혀 온갖 번뇌를 영원히 없애는 것이다.

雜種煩惱七十八　　　잡종번뇌
잡 종 번 뇌 칠 십 팔　　78과5)

二十二根十二處　　　22근6)
이 십 이 근 십 이 처　　12처

五蘊四界十二緣　　　5온 4계7)와 12인연을
오 온 사 계 십 이 연　　모아 설명한 것

是爲法蘊足足論　　　이것이 법온족족의
시 위 법 온 족 족 론　　만족스런 논리이다.

內容觀察佛要書　　　내용을 관찰해보면
내 용 관 찰 불 요 서　　불교의 강요서로써

數種有部敎理見　　　몇 가지 유부의 교리를
수 종 유 부 교 리 견　　발견할 수 있는데

---

5) 78종은 貪・瞋・痴・忿・恨・覆・惱・嫉・慳・誑・諂・無慚・無愧・慢・過慢・慢過慢・我慢・增上慢・卑慢・邪慢・憍・放逸・傲・憤發・矯妄・詭詐 現相・激嗜・遍眈嗜・染貪・非法貪・著貪・惡貪・有身見・有見・無有見・貪慾・瞋恚・惛沈・睡眠・掉擧・惡作・疑・萱憒・不樂・頻申・欠呿・食不調性・心昧劣性・種種想・不作意・麤重・角氏突・不和軟性・不調柔性・不順同類・欲尋・恚尋・說里尋・國土尋・不死尋・陵蔑尋・假族尋・愁・歎・苦・憂・惱 등.

6) 22근은 6근에 男・女・命・樂・喜・憂・捨・信・精進・念・定・慧・未知當知根・已知根・見知根 등.

7) 계는 6근 6경 6식의 18계와 地・水・火・風・空・識의 6계.

| 身語二業無表説 | 신·어 2업은 |
| 신 어 이 업 무 표 설 | 무표업이라는 것과 |

| 虛空二擇無爲説 | 허공·택멸·비택멸의 |
| 허 공 이 택 무 위 설 | 무위설 |

| 心不相應心識説 | 심불상응행과 심식설이 |
| 심 불 상 응 심 식 설 | 그것이다. |

| 所謂行中二相應 | 말하자면 5온법 가운데 |
| 소 위 행 중 이 상 응 | 행에 두 가지가 있는데 |

| 思觸作意心相應 | 사·촉·작의는 |
| 사 촉 작 의 심 상 응 | 마음에 상응하는데 |

| 無想正覺不相應 | 무상정등은 마음에 상응하지 |
| 무 상 정 각 불 상 응 | 않는다는 것이다. |

(2) 아비달마 집이문족론(阿毘達摩集異門足論)

| 此論著者有二説 | 이 논의 저자도 |
| 차 론 저 자 유 이 설 | 두 분으로 나오니 |

| 漢譯經藏舍利弗 | 한역 장경에서는 |
| 한 역 경 장 사 리 불 | 사리불이라 하고 |

梵藏摩詞拘絺羅 범장에서는
범 장 마 가 구 치 라 마하구치라라 한다.

十二成品二十卷 구성은 12품 20권으로
이 십 성 품 이 십 권 되어 있다.

初品緣起二一法 초품은 연기(서품)이고
초 품 연 기 이 일 법 2에서는 1법

三品二法四三明 3품에서는 2법, 4품에서는
삼 품 이 법 사 삼 명 3법을 밝혔다.

如是種法二百五 이와같이 이백다섯
여 시 종 법 이 백 오 가지 법을 설하고

個個引證經典文 낱낱의 경전문을
개 개 인 증 경 전 문 인용하여 증명하였다.

當時佛教學徒等 당시
당 시 불 교 학 도 등 불교학도들이

佛教學習集異材 불교를 학습코자 할 때는
불 교 학 습 집 이 재 집이문론을 자료로 했는데

法蘊足論特殊題 법온족론은 특수한 문제를
법 온 족 론 특 수 제 주로 다루었고

V. 소승불교사상(小乘佛教思想)

集異門是論一般　　　　집이문론은 일반적인
집 이 문 시 론 일 반　　　점이 많았기 때문이다.

無表業說三無爲　　　　무표업설이나
무 표 업 설 삼 무 위　　　삼무위

不相應說識心論　　　　불상응행법이나
불 상 응 설 식 심 론　　　식심설은

上同法蘊無特別　　　　위의 법온족론과
상 동 법 온 무 특 별　　　별로 다른 것이 없고

但只地獄衆同分　　　　단지 지옥설이 중동분을 의지
단 지 지 옥 중 동 분　　　해 세 가지 득을 얻는다.[8]

(3) 시설론(施設論)

七卷施設完本帙　　　　7권시설
칠 권 시 설 완 본 질　　　완전한 책은

有一西藏大藏中　　　　서장대장경에
유 일 서 장 대 장 중　　　유일하게 살아 있다.

漢藏部分梵全缺　　　　한 장에는 일부만 있고
한 장 부 분 범 전 결　　　범본에는 완전히 빠졌고

---

8) 等依得・事得・慶得.

漢宋大論梵按釋
한 송 대 론 범 안 석

송본에는 대론, 범본에는
안석론이라 되어 있다.

著者亦是二異人
저 자 역 시 이 이 인

저자 또한 한두 군데서
각기 달리 나오는데

漢譯迦陀延尼子
한 역 가 다 연 니 자

한역에는
가다연니자라 나오고

梵本聖者目犍連
범 본 성 자 목 건 련

범본에는 성자
목건련이라 나온다.

內容三種施設門
내 용 삼 종 시 설 문

내용은 총 3종의
시설문으로 나오는데

一世二因三業說
일 세 이 인 삼 업 설

첫째는 세간, 둘째 인,
셋째는 업이다.

世起經中世界觀
세 기 경 중 세 계 관

세기경 가운데 세계관이
세간품의 주 내용이고

轉輪聖王業因說
전 륜 성 왕 업 인 설

전륜성왕이 전생의
업인을 통해

出世成道治國民
출 세 성 도 치 국 민

세상에 출현하여 나라와
백성을 다스린다 하였는데

一國無二一法王
일 국 무 이 일 법 왕

한 나라에 두 법왕이 없다
하는 것으로 보아

藏族思想如是出
장족사상여시출

장족들의 사상이 여기서
나오지 않았는가 생각된다.

特異內容看推論
특이내용간추론

특이한 내용을
간추려 보면

化佛思想空業說
화불사상공업설

화불사상과
공·업설

頓漸成就業緣說
돈점성취업연설

성취의 더디고
빠른 업연의 설이 있다.

世尊常住三摩地
삼존상주삼마지

부처님은 언제나
삼매에 들어

自在心故無碍出
자재심고무애출

마음을 자재하는 까닭에
출입에 걸림이 없다.

色相端嚴敎化衆
색상단엄교화중

단엄한 색상으로
중생을 교화하나

不捨所緣人所樂
불사소연인소락

인연을 버리지 않고 사람들이
좋아하는 바를 따른다.

無願無相空三昧
무원무상공삼매

무원·무상·
공삼매

| 內外空中無爲空 | 내공·외공· |
| 내외공중무위공 | 내외공·무위공 |

無爲無邊本性空　　무위공·무변공·
무위무변본성공　　본성공

無行勝義空空空　　무행공·승의공·
무행승의공공공　　공공공

因緣無間所緣緣　　인연·무간연·
인연무간소연연　　소연연

增上緣是四因緣　　증상연 이
증상연시사인연　　네 인연이

有情差別業感起　　유정들이 업을 받는데
유정차별업감기　　차별을 일으키기 때문에

未得已得成就差　　얻고 얻지 못하고 성취하고 성
미득이득성취차　　취하지 못하는 차별이 생긴다.

(4) 아비달마 신식족론(阿毘達磨識身足論)

梵漢二藏提婆造　　범·한 2장이 똑같이
범한이장제바조　　제바저작으로 나온다.

V. 소승불교사상(小乘佛敎思想)　95

內容六蘊十六卷 내 용 육 온 십 육 권	내용은 6온 16권으로 되어 있는데
連蘊過未無體論 연 온 과 미 무 체 론	제1 목련온에는 과거와 미래는 체가 없고
現在無爲實有說 현 재 무 위 실 유 설	현재와 무위만 실제 있다 주장하고 있다.
第二伽羅三因緣 제 이 가 라 삼 인 연	제2 보특가라온과 제3 인연온
四緣五雜六成就 사 연 오 잡 육 성 취	제4 소연연·제5 잡온· 제6 성취온에서는
將次有部大衆說 장 차 유 부 대 중 설	장차 유부 대중설의
三世實有法體恒 삼 세 실 유 법 체 항	삼세실유 법체항유논의 근거와
補特伽羅有我說 보 특 가 라 유 아 설	보특가라 유아설의 근거를 만들고
識心理解三分別 식 심 이 해 삼 분 별	식심을 세 가지로 분별하여 이해할 수 있게 하였는데
自性隨念計度有 자 성 수 념 계 도 유	전5식은 자성 제6식은 수념, 계탁까지 한다 하였다.

故此深證有部說　　그러므로 이 논은 유부설을
고 차 심 증 유 부 설　심도있게 증명한 논문으로

心理哲學論並用　　심리적 철학적 방법을
심 리 철 학 론 병 용　동시에 사용하여

將次唯識發展論　　장차 유식학 발전의
장 차 유 식 발 전 론　발판을 만들고

提供輪廻轉生說　　윤회 전생설의 근거를
제 공 윤 회 전 생 설　제공했다 할 수 있다.

(5) 아비달마 계신족론(阿毘達磨界身足論)

俱舍光記英譯本　　구사광기
구 사 광 기 영 역 본　영역본에는

筏蘇密多世有作　　벌소밀다라(Vasnmitra)
벌 소 밀 다 세 유 작　세우작이라 되어 있고

梵譯聖典造富蘭　　범어 성전에는 푸란나(Pūrnā)
범 역 성 전 조 부 란　작이라 되어 있다.

內容本事分別品　　내용은 본사 분별
내 용 본 사 분 별 품　두 품이 있는데

| 本事三地三十法 | 본사에서는 |
| 본 사 삼 지 삼 십 법 | 3지30법을 설명하고 |

分別廣說八八門
분 별 광 설 팔 팔 문
분별품에서는 널리
88문을 해설하고 있다.

十大地法大小煩
십 대 지 법 대 소 번
10대지법에 대번뇌지법
소번뇌지법

各各十有三十心
각 각 십 유 삼 십 심
각각 열 가지씩
30심이 있고

五煩五見觸根法
오 번 오 견 촉 근 법
5번 5견 5촉
5근 5법

識身觸受想思愛
식 신 촉 수 상 사 애
6식신 6촉신 6수신
6상신 6사신 6애신

五五法及六六身
오 오 법 급 육 육 신
5·5법 및
6·6신

九十一類心所法
구 십 일 류 심 소 법
91종의 심소법을
설했는데

此是三卷身足論
차 시 삼 권 신 족 론
이것이 3권
신족론의 내용이다.

(6) 아비달마 품류족론(阿毘達磨品類足論)

八品十八品類足   8품 18권
팔 품 십 팔 품 류 족   품유족론은

梵漢兩藏世友作   범·한 양 장이 다같이
범 한 양 장 세 우 작   세우작으로 되어 있고

玄奘唐譯智度論   현장법사가 번역한
현 장 당 역 지 도 론   당나라때 지도론에는

半半婆須羅漢造   바수밀보살이 반 짓고 반은
반 반 바 수 라 한 조   나한님들이 지었다 하였다.

上來諸論經說尊   이상 모든 논들은 경설을
상 래 제 론 경 설 존   존중해 풀이하고 있는데

此論初終有部說   이 논은 처음부터 끝가지
차 론 초 종 유 부 설   유부의 학설을

直說呪曰廣解釋   바로 널리
직 설 주 왈 광 해 석   해석하고 있다.

五事十智處界煩   5사와 10지 12처
오 사 십 지 처 계 번   18계 98종 번뇌

六六九法千問等   669종의 법과
육 육 구 법 천 문 등   천 가지 문답,

V. 소승불교사상(小乘佛敎思想)

其中二法一對擇
기 중 이 법 일 대 택

五足再織陽有論
오 족 재 직 양 유 론

그 가운데서 2법 1대로
결택을 취하게 하였는데

5족논을 재조직 유부종을
양적으로 드러내고 있다.

色心心所不相應
색 심 심 소 불 상 응

색·심·심소
불상응법

無爲十智八忍說
무 위 십 지 팔 인 설

무위·10지·
8인설

八十八使睡眠說
팔 십 팔 사 수 면 설

88사
수면설

緣起無爲業三性
연 기 무 위 업 삼 성

연기·무위·업
삼성에 관한 것을

具體論說新進論
구 체 론 설 신 진 론

구체적으로 설하여 신세대
학설처럼 느껴진다.

發智身論綜合敎
발 지 신 론 종 합 교

발지신론의 종합적
교리를 보면

六足一身再構成
육 족 일 신 재 구 성

6족론을 한 몸에 재구성한
것과 같으니

八蘊四四二十卷　　　8온 44품
사 온 사 사 이 십 권　　20권

有餘無餘二槃說　　　유여 무여 두 가지
유 여 무 여 이 반 설　　열반설이 나오고

六因四緣三世緣　　　6인 4연설과 12인연
육 인 사 연 삼 세 연　　3세배대설

定中不聞由心說　　　정중에는 들을 수 없고
정 중 불 문 유 심 설　　마음이 근본임을 설했다.

心所十地大小煩　　　심소법에는
심 소 십 지 대 소 번　　10대지 10대소번뇌

十善五不三有覆　　　10선지법 5불선지법
십 선 오 불 삼 유 부　　3대유부무기와

十大無覆無記法　　　10대 무부무기를
십 대 무 부 무 기 법　　설하고 있으며

本死中生四有說　　　본유·사유·중유·생유
본 사 중 생 사 유 설　　4유설과

羅漢絶對無缺点　　　나한은 절대 결점이
나 한 절 대 무 결 점　　없다 보고

諸法五位分類法　　　모든 법을
제 법 오 위 분 류 법　　5위로 나누어

我空法有三世實
아 공 법 유 삼 세 실

아공법유의 3세
실유사상과

生住異滅四相論
생 주 이 멸 사 상 론

생·주·이·멸
4상론을 논하다 보니

體滅用滅折衷說
체 멸 용 멸 절 충 설

체멸·용멸설과
그 절충설도 나왔다.

二緣生識和成觸
이 연 생 식 화 성 촉

근·경 2연이 화합하여
식을 내고 촉을 형성함으로

心心所法不自性
심 심 소 법 불 자 성

심심소법도 자성혼자는
식을 이룰 수 없다.

見色和合眞實見
견 색 화 합 진 실 견

보는 것과 합해야
진실을 볼 수 있고

心性本淨客塵染
심 성 본 정 객 진 염

심성은 본래 깨끗한데
객진 때문에 물들었다.

無明相應名染污
무 명 상 응 명 염 오

무명에 상응하면
물든다 하고

不相不惑不染智
불 상 불 혹 불 염 지

상응하지 않고 미혹하지
아니하면 불염지라 한다.

忍種聲聞不成佛
인 종 성 문 불 성 불

인위에 있는 성문은
성불하지 못하고

頂位聲聞必成佛
정 위 성 문 필 성 불

정위에 오른 성문은
반드시 성불한다.

菩薩三祇波羅蜜
보 살 삼 지 바 라 밀

3아승지겁 동안 바라밀을
닦는 자가 보살이 되는데

施戒進慧忍聞道
시 계 진 혜 인 문 도

시·계·진·혜·인·
문도가 그것이다.

五事羅漢事實忍
오 사 나 한 사 실 인

5사 아라한도
사실적으로 인정하였다.

虛空擇滅非擇滅
허 공 택 멸 비 택 멸

허공·택멸·
비택멸

無爲三說二種槃
무 위 삼 설 이 종 반

무위에는 세 가지가 있고
열반에는 두 가지가 있다.

有餘無餘決定說
유 여 무 여 결 정 설

유여열반과 무여열반
결정적인 논리로 정했다.

擇滅涅槃同體說
택 멸 열 반 동 체 설

택멸 열반은
체가 같고

| 七微一塵成銅塵 | 7미가 합쳐서 일진이 되고 |
| 칠 미 일 진 성 동 진 | 다시 그것이 동진이 된다. |

水塵兎毛羊毛塵
수 진 토 모 양 모 진
　　수진·토모·
　　양모진

牛塵遊塵隙遊塵
우 진 유 진 극 유 진
　　우진·유진·
　　극유진,

漸漸擴大萬物團
점 점 확 대 만 물 단
　　점점 커서 만물
　　덩어리가 되었다.

四十九日中有在
사 십 구 일 중 유 재
　　49일 동안
　　중유가 있으니

五六歲形小兒子
오 육 세 형 소 아 자
　　그 형태는 5,6세
　　아이와 같다.

但只梵音無諸根
단 지 범 음 무 제 근
　　음성은 범음성이나
　　근은 따로 없다.

欲界中有必段食
욕 계 중 유 필 단 식
　　욕계 중유는
　　단식을 하고

色界中有不段食
색 계 중 유 부 단 식
　　색계 중유는 덩어리
　　음식을 먹지 않는다.

欲色二界流轉中
욕색이계유전중

욕계 색계의
유전중인 중유가

父母近及迎入胎
부모근급영입태

부모님 근처에 있다
영합하여 태에 든다.

所化根差蘊處界
소화근차온처계

교화의 근기가 다르므로
온·처·계가 생겼다.

身口表業意無表
신구표업의무표

신·구 2업은 표업이고
의업은 무표법이다.

待緣而起名緣起
대연이기명연기

연을 기다려 일어나기
때문에 연기라 하고

十二緣起性實有
십이연기성실유

12인연 성품은
실제 있다.

異時繼起四種說
이시단기사종설

때를 따라 계속해서 일어나다
보니 4종설이 생겼다.

三世兩重因果業
이세양중인과업

삼세 양중
인과 업은

分明再論惑業苦
분명재론혹업고

분명 다시 혹·업·고로
논할 수 있다.

此論依止出論部	이 논을 의지하여
차 론 의 지 출 론 부	여러 논부가 나타났으니
法勝阿毘曇心論	법승스님의
법 승 아 비 담 심 론	아비담심론
優波扇多心論經	우바선다의
우 파 선 다 심 론 경	아비담심론경

雜阿心論法救造	법구스님
잡 아 심 론 법 구 조	잡아비담심론
世親菩薩功力著	세친보살이
세 친 보 살 공 력 저	공들여 지은
阿毘達摩俱舍論	아비달마
아 비 달 마 구 사 론	구사론
瞿沙著述甘露味	구사스님이
구 사 저 술 감 로 미	지은 감로미
色建陀羅達磨論	색건다라의
색 건 다 라 달 마 론	달마론
千部論師次第出	천부논사가
천 부 론 사 차 제 출	차례로 나타나
論議佛教最盛期	논의 불교가 가장
논 의 불 교 최 성 기	성하게 되었다.

(7) 사리불 아비담론(舍利弗阿毘曇論)

舍利弗阿毘曇論 사 리 불 아 비 담 론	사리불 아비담론은
正量犢子有部及 정 량 독 자 유 부 급	정량부·독자부· 유부 및
法上賢胄至密林 법 상 현 주 지 밀 림	법상·현주·밀림산부에 이르기까지
諸部派敎理一致 제 부 파 교 리 일 치	여러 부파교리와 일치하여
多數應用不無故 다 수 응 용 불 무 고	많은 응용자들이 없지 아니함으로
其敎一部分紹介 기 교 일 부 분 소 개	그 교리 일부분을 소개하겠다.
無無表色不可見 무 무 표 색 부 가 견	무표색은 표색이 없으므로 볼 수 없다.
無色界色色界關 무 색 계 색 색 계 관	무색계의 색은 색계에 관계된다.

| 色無色界無鼻舌 | 색계와 무색계에는 |
| 색 무 색 계 무 비 설 | 코와 혀가 필요 없다. |

中般涅槃無有中
중 반 열 반 무 유 중

중반 열반 때는
중유신이 없다.

無境界慧無境界
무 경 계 혜 무 경 계

무경계의 혜는 경계가
없는 지혜이다.

十空中此六空説
십 공 중 차 육 공 설

10공 가운데서
6공만을 설하는데

內空外空內外空
내 공 외 공 내 외 공

내공 외공
내외공

空空大空第一空
공 공 대 공 제 일 공

공공 대공
제1공이 그것이다.

心性本來無染心
심 성 본 래 무 염 심

심성은 본래 청정하여
염심이 없다.

九無爲説十緣論
구 무 위 설 십 연 론

무위에는 아홉 종류가 있고
연에는 열 가지가 있다.

無間境界依業緣
무 간 경 계 의 업 연

무간연·경계연·
의연·업연

報起異續增上緣
보 기 이 속 증 상 연

보연·기연·이연·상속연·
증상연이 그것이다.

(8) 성실론(成實論)

小乘論中近大乘
소 승 론 중 근 대 승

소승론 가운데 대승에
가장 가까운 논은

訶梨跋摩成實論
하 리 발 마 성 실 론

하리발마스님의
성실론이다.

一部十六二百二
일 부 십 육 이 백 이

일부 16권
202품

四諦實明成道故
사 제 실 명 성 도 고

4제를 사실적으로 밝혀
도를 이루게 한 까닭이다.

敎內十種異說論
교 내 십 종 이 설 론

불교 속에 열 가지
이설논쟁이 있었으니

過未有無亦一切
과 미 유 무 역 일 체

과거 미래가 있느냐 일체가
있느냐 없느냐 하는 문제와

中陰有無諦頓漸
중 음 유 무 제 돈 점

중음신이 있느냐 없느냐
4제는 돈이냐 점이냐.

| 羅漢退不心染淨 | 나한도 타락하느냐, |
| 나한퇴불심염정 | 심성은 깨끗한가 더러운가 |

種子睡眠未宿業
종자수면미숙업
종자의 수면문제와
미숙업 존재 문제

僧中有佛犢子部
승중유불독자부
부처님도 승중의 한 분으로 할
것이냐 독자부의 비즉비이온

比卽非離蘊我在
비즉비리온아재
가운데 내가 있다고 보아야
할 것이냐 하는 것이다.

過未無體一切空
과미무체일체공
과거와 미래는 체가 없고
일체가 공하다.

四諦頓觀無中陰
사제돈관무중음
4제는 한꺼번에 관해야한다.
중음신은 없다.

羅漢無退心淨本
나한무퇴심정본
아라한은 타락하지 않고
심성은 본래 깨끗하다.

客塵煩惱未熟空
객진번뇌미숙공
번뇌는 객진이고
미숙업도 공이다.

犢子有我外道見
독자유아외도견
독자의 유아론은
외도의 견해이다.

佛法眞實諸法空
불법진실제법공
불법은 진실로 모든 법이
공함을 주장하기 때문이다.

如是異說確答問
여시이설확답문

이렇게 이설에
대해 확답하였다.

諸法分類五位法
제법분류오위법

제법의 분류법은 재래의
5위법을 사용하고

八十三又八十七
팔십삼우팔십칠

83 또는 87법을
설하고 있다.

四大假有十四種
사대가유십사종

4대는 가짜인데
14종이 있고

心意識體一異名
심의식체일이명

심·의·식 체는 하나인데
이름만 다르다.

唯有一心無別數
유유일심무별수

단지 일심뿐
별다른 수가 없다.

心體唯一用多數
심체유일용다수

심체는 하나인데
작용이 많을 뿐이다.

念念識滅無住相
염념식멸무주상

생각 생각에 변해가는 것이 생
각이므로 고정적인 것이 없다.

諸識次第秩序生
제식차제질서생

모든 식은 차례대로
순서 따라 나는 것이라

| 如種生牙枝莖葉 | 종자에서 싹이 트고 줄기 |
| 여 종 생 아 지 경 엽 | 가지 잎이 나는 것과 같다. |

| 心數獨立苦樂行 | 심수는 각각 독립되어 |
| 심 수 독 립 고 락 행 | 고락행을 이룬다. |

| 心不相應因心行 | 마음은 상응하지 않고 마음을 |
| 심 불 상 응 인 심 행 | 인해 행이 이루어진다. |

| 有爲八七無爲一 | 유위법은 87인데 무위법은 |
| 유 위 팔 칠 무 위 일 | 오직 하나(허공) 뿐이다. |

| 一心作業三無作 | 한마음이 모든 업을 짓고 |
| 일 심 작 업 삼 무 작 | 신·구·의가 짓는게 아니다. |

| 我法俱空如芭蕉 | 나와 법이 다 공한 |
| 아 법 구 공 여 파 초 | 것이 파초와 같다. |

| 或有或空衆生說 | 어쩌다가 유와 공을 |
| 혹 유 혹 공 중 생 설 | 말하는 것은 중생 때문이다. |

| 世諦一義諸法空 | 세제와 제일의 법도 |
| 세 제 일 의 제 법 공 | 다 공이고 |

| 眞俗二諦中道空 | 진속 이제와 |
| 진 속 이 제 중 도 공 | 중도도 공이다. |

| 滅諦涅槃無實體 | 멸제가 그대로 열반이라 |
| 멸 제 열 반 무 실 체 | 실체가 따로 없다. |

佛自然人一切智　　부처님은 자연인으로 일체
불 자 연 인 일 체 지　　종지를 갖추어 알아

一切法知自相別　　일체 법을
일 체 법 지 자 상 별　　스스로 분별하고

不善永離集善法　　불선을 영원히 여의고
불 선 영 리 집 선 법　　선법만 모아

常生利益一切衆　　항상 일체중생의
상 생 이 익 일 체 중　　이익을 위해서 산다.

生緣不具是羅漢　　생연을 갖추지 않는
생 연 불 구 시 나 한　　것이 나한이다.

斷妄煩惱無後身　　번뇌 망상 끊어버려
단 망 번 뇌 무 후 신　　후신이 없다.

六度萬行得菩提　　6도 만행으로
육 도 만 행 득 보 리　　보리를 얻고

世在福德菩薩道　　세상에 복덕이 있게
세 재 복 덕 보 살 도　　하는 것이 보살이다.

心住一處三昧行　　마음이 한곳에 모여 있으면
심 주 일 처 삼 매 행　　그것이 삼매이다.

此起神通無碍行　　여기서부터
차 기 신 통 무 애 행　　신통무애행이 생긴다.

v. 소승불교사상(小乘佛敎思想)　113

故論此論小大乘　　그래서 이는 소승이냐
고 론 차 론 소 대 승　　대승이냐 논해왔는데

智顗吉藏確定小　　천태지의와 길장스님은
지 의 길 장 확 정 소　　소승으로 확정했으니

無論文證小乘論　　논주가 글에서 소승론이라
무 론 문 증 소 승 론　　증명했기 때문이다.

然評含藏大小乘　　그렇지만 내용에는 대소승이
연 평 함 장 대 소 승　　다 들어 있다 평했다.

以上大綱小乘部　　이상으로 대강 소승부를
이 사 대 망 소 승 부　　정리하였으니

仔細研者看該論　　자세히 연구코자 하는 이는
자 세 연 자 간 해 론　　각기 해당되는 논문을 보라.

Ⅵ. 대승불교사상(大乘佛敎思想)

1. 삼기대승(三期大乘)

全體大乘三期別　　　전체 대승은 3기로
전 체 대 승 삼 기 별　　　나누어 볼 수 있어

中觀瑜伽秘密敎　　　중관·유가 2파와
중 관 유 가 비 밀 교　　　비밀교로

次第說法皆理解　　　차례로 설해
차 제 설 법 개 리 해　　　이해시키고자 하니

深思精神大覺徹　　　깊이 생각하여 그 정신을
심 사 정 신 대 각 철　　　철저히 깨달으라.

阿毘曇敎大乘差　　　아비담불교와
아 비 담 교 대 승 차　　　대승의 차이는

目的羅漢聲聞乘　　　아라한을 목적하여
목 적 나 한 성 문 승　　　법문만 듣고

| 離苦得樂業報想 | 이고득락의 |
| 이 고 득 락 업 보 상 | 업보사상만 생각 |

自利爲主修養行
자 리 위 주 수 양 행
자기 이익만을
위해 수양하고

聖典字局拘泥着
성 전 자 국 구 니 착
성전의 글귀에
집착하니

戱論中心無實踐
희 론 중 심 무 실 천
희론이 중심이 되어
실천이 없어

出家中心在家誣
출 가 중 심 재 가 무
출가중심으로
재가를 업신여기므로

通稱名爲小乘敎
통 칭 명 위 소 승 교
통칭해서 이름을
소승교라 한다.

大乘菩薩成就佛
대 승 보 살 성 취 불
대승보살은 목적을
성불에 두고

願行惡趣救衆生
원 행 악 취 구 중 생
원행으로 악취에까지
나아가 중생을 구하고

利他社會積極行
이 타 사 회 적 극 행
남을 위한 사회운동을
적극적으로 행하되

般若空心無執着
반 야 공 심 무 집 착
빈마음 지혜 속에
집착하지 않는다.

眞俗無關實踐行
진 속 무 관 실 천 행

진속에 관계없이
실천만을 하므로

通稱名爲大乘敎
통 칭 명 위 대 승 교

통칭해서 이름 하기를
대승교라 부른다.

2. 대승흥기의 원인(大乘興起原因)

排他的一切有部
배 타 적 일 체 유 부

배타적
일체유부는

傳統固守經律釋
전 통 고 수 경 율 석

전통을 고수하여
경율을 해석

隨文解深文理底
수 문 해 심 문 리 저

글 따라 해석하니
깊은 글 이치속에

非融通的非大衆
비 융 통 적 비 대 중

비융통적 비대중전인
것이 많았다.

高勝法座輕慢態
고 승 법 좌 경 만 태

높은 법좌에 앉아
거만만 피우면서

自他是非不容納
자 타 시 비 불 용 납

자타의 시비는
용납하지 아니하므로

山中不合多派生
산 중 불 합 다 파 생

산중이 화합하지 못해
서로 떨어져 나가고

大衆心理支滅裂
대 중 심 리 지 멸 열

대중심리가
지리멸렬하여

優婆塞夷佛塔處
우 파 새 이 불 탑 처

우바새 우바이들은 불탑
근처로 떠나 버렸다.

3. 초기대승자료(初期大乘資料)

同系經量自覺派
동 계 경 량 자 각 파

같은 계통 경량부 같은
것들이 스스로 깨달아

護敎護法信敎徒
호 교 호 법 신 교 도

불법을 보호하는
신도들과 함께

孤捨自發小乘心
고 사 자 발 소 승 심

자기만을 제도하는
소승심을 버리고

共起大乘自發現
공 기 대 승 자 발 현

함께 대승불교를 자발적으로
일으킨 것이다.

原始根本思想中
원 시 근 본 사 상 중

원시 근본교
사상중에

空慧唯心佛性說 　　　공과 지혜 유심
공 혜 유 심 불 성 설 　　　불성사상과

佛身常住緣起說 　　　불신상주
불 신 상 주 연 기 설 　　　연기설

中道實相菩薩說 　　　중도실상
중 도 실 상 보 살 설 　　　보살설

涅槃和健平和道 　　　열반 화합사상을 중심으로
열 반 화 건 평 화 도 　　　평화의 도를 건설 했으니

繼承決根上大衆 　　　결국 뿌리는 상좌
계 승 결 근 상 대 중 　　　대중부를 계승하여

加減革命大乘敎 　　　보태고 솎아 내어 대승교를
가 감 혁 명 대 승 교 　　　혁명하게 된 것이다.

(1) 반야경(般若經)

初期大乘根本經 　　　초기 대승
초 기 대 승 근 본 경 　　　근본경인

十萬般若中心本 　　　십만 게송의 반야경이
십 만 반 야 중 심 본 　　　중심이 되었는데

大品放光光讚行 　　　대품반야 방광반야
대 품 방 광 광 찬 행 　　　광찬반야 도행반야

Ⅵ. 대승불교사상(大乘佛敎思想)

摩訶般若佛母出 마 하 반 야 불 모 출	마하반야 불모출생반야가 그것이다.
其中簡明雜部出 기 중 간 명 잡 부 출	그 중에서 간추린 잡부반야가 독립해서 나오게 되었는데
金剛文殊趣心經 금 강 문 수 취 심 경	금강·문수·이취반야 반야심경 같은 것이 그것이다.
内容看取破小乘 내 용 간 취 파 소 승	내용을 간추려 보면 소승을 파하고
讚嘆大乘菩薩乘 찬 탄 대 승 보 살 승	대승과 보살승을 찬양하고
六度萬行空眞如 육 도 만 행 공 진 여	6도만행과 공·진여·
諸法實相十地說 제 법 실 상 십 지 설	제법실상· 10지설·
廻向佛道淨土說 회 향 불 도 정 토 설	회향불도를 설하면서도 정토설을 주장했으니
妻子菩薩他方佛 처 자 보 살 타 방 불	처자보살과 타방불을 설하면서
般若功德不思議 반 야 공 덕 부 사 의	이 반야의 공덕은 불가사의 하다 설명하였다.

(2) 화엄경(華嚴經)

初期華嚴諸部品　　　　초기 화엄경의
초 기 화 엄 제 부 품　　　여러 부품을 보면

般若系統兜沙經　　　　반야계통
반 야 계 통 도 사 경　　　도사경이

將次華嚴名號品　　　　장차 화엄
장 차 화 엄 명 호 품　　　명호품이 되고

吳謙飜譯本業經　　　　오나라 지겸이 번역한
오 겸 번 역 본 업 경　　　보살본업경의

序願地品嚴淨行　　　　서품·원행품·십지품이
서 원 지 품 엄 정 행　　　화엄경의 정행품이 되었다.

竺法護譯興顯經　　　　축법호스님께서
축 법 호 역 흥 현 경　　　번역한 여래흥현경은

六十華嚴性起品　　　　60화엄경
육 십 화 엄 성 기 품　　　성기품이 되어

如是九十五小經　　　　이렇게 95종 이상의
여 시 구 십 오 소 경　　　소경들이 모여

統合六八華嚴經　　　　60, 80화엄경이
통 합 육 팔 화 엄 경　　　되었다.

Ⅵ. 대승불교사상(大乘佛敎思想)　121

現存三本華嚴經
현존삼본화엄경

현존
삼본화엄경은

佛陀跋陀六十卷
불타발다육십권

불타발다라역 60화엄경
(기원 420)

實叉難他八十卷
실차난타팔십권

실차난타역 80화엄경
(기원 699)

般若僧譯四十卷
반야승역사십권

반야다라역 40화엄경
(기원 798)인데

四十卷經入法界
사십권경입법계

40화엄은 60 및 80 화엄경의
입법계품에 해당한다.

龍樹入海十大經
용수입해십대경

용수보살이 바다에 들어가
10대경을 보았는데

其中略本持來布
기중약본지래포

그 가운데 약본을 가지고
와 편 것이 화엄경이다.

智度論中解脫經
지도론중해탈경

그가 지은 지도론에서는
불가사의 해탈경으로 나온다.

推測華嚴一代教
추측화엄일대교

추측컨대 화엄경의
일대교는

十地中心入法界
십지중심입법계

10지품과 입법계 품이
중심이 된 것 같다.

| 他化自在天王宮 | 타화 |
| 타 화 자 재 천 왕 궁 | 자재천궁 |

摩尼寶藏莊嚴土　　마니보장으로
마 니 보 장 엄 엄 토　　장엄된 땅에서

十地說法金剛藏　　금강장보살을 통해 10지를
십 지 설 법 금 강 장　　설하게 되었으니

歡喜離垢明焰地　　환희지・이구지・
환 희 이 구 명 염 지　　명지(發光地)・염혜지

難勝現前遠行地　　난승지・현전지・
난 승 현 전 원 행 지　　원행지

不動善慧法雲地　　부동지・선혜지・법운지
부 동 선 혜 법 운 지　　등이 그것이다.

入法界品說處主　　입법계품
입 법 계 품 설 처 주　　설처주는

祇園精舍重閣堂　　기원정사
기 원 정 사 중 각 당　　중각당에서

五百菩薩聲聞天　　500보살과 성문
오 백 보 살 성 문 천　　천인들을 위해

普賢文殊彌勒等　　보현・문수・
보 현 문 수 미 륵 등　　미륵 등이

善財尋訪菩薩道 선 재 심 방 보 살 도	선재의 심방을 받고 보살도를 설하니
一生成佛示歷程 일 생 성 불 시 력 정	일생에 성불하는 역정을 보였다.
諸佛正法色身音 제 불 정 법 색 신 음	모든 부처님의 바른 법과 색신 음성은
絶對平等無差別 절 대 평 등 무 차 별	절대 평등 차별이 없으나
聞法發心善知識 문 법 발 심 선 지 식	법문 듣고 발심하여 선지식을 찾으니
一百一十五十四 일 백 일 십 오 십 사	1백 1십성에서 54선지식을 뵙고[1]
十不可壞智慧門 십 불 가 괴 지 혜 문	10불가괴[2] 지혜 문을 얻었다.

---

1) 문수사리최제일·덕운해운선주승·미가해탈여해당·휴사비목구사선·승렬바라자행녀·선견자재주동자·구족우바이명지사·법보계장여보안·목염족왕대광왕·부동우바변행외·우바라화장자인·바시라선무상승·사자빈신바수밀·비슬지라거사인·관자재존여정취·대천안주주지신·바산바여주야신·보덕정광주야신·희목관찰중생신·보구중생묘덕신·적정음해주야신·대원정진역구호·묘덕원만구바녀·마야부인천주광·변우동자중예각·현승견고해탈장·묘월장자무승군·최적정바라문자·덕생동자유덕녀·미륵보살문수 등.

2) 十不可壞: ① 法性 ② 理趣 ③ 法門 ④ 所行 ⑤ 境界 ⑥ 周徧知 ⑦ 種種知 ⑧ 盡源低 ⑨ 解了 ⑩ 趣入 등

如是華嚴諸經文　　이와같이 화엄경의
여시화엄제경문　　모든 법문은

毘盧遮那眞法身　　비로자나 진법신
비로자나진법신　　사상과

法界緣起十玄說　　법계가 연기되는
법계연기십현설　　열 가지 그윽한 진리3)

六相卽入唯心說　　육상4)·상즉상입·
육상즉입유심설　　유심설

十種因緣誓願心　　십종인연관과
십종인연서원심　　보현보살 서원심으로

住行向地平等心　　10주5), 10행6), 10회향7)을
주행향지평등심　　거쳐 10지8)에 이르러

---

3) 十玄說 : ① 同時具足相應 ② 廣狹自在無碍 ③ 一多相容不同 ④ 諸法相卽自在 ⑤ 隱密顯了俱成 ⑥ 微細相容安立 ⑦ 因陀羅網境界 ⑧ 託事顯法生解 ⑨ 十世隔法異成 ⑩ 主伴圓明具德.

4) 六相 : ① 總相 ② 別相 ③ 同相 ④ 異相 ⑤ 成相 ⑥ 壞相.

5) 十住 : ① 發心住 ② 治地住 ③ 修行住 ④ 生貴住 ⑤ 具足方便住 ⑥ 正心住 ⑦ 不退住 ⑧ 童眞住 ⑨ 法王子住 ⑩ 灌頂住.

6) 十行 : ① 歡喜行 ② 饒益行 ③ 無瞋恨行 ④ 無盡行 ⑤ 離癡亂行 ⑥ 善現行 ⑦ 無着行 ⑧ 尊重行 ⑨ 善法行 ⑩ 眞實行.

7) 十廻向 : ① 救護一切衆生離衆生相廻向 ② 不壞廻向 ③ 等一切諸佛廻向 ④ 至一切處廻向 ⑤ 無盡功德藏廻向 ⑥ 入一切平等善根廻向 ⑦ 等隨順一切衆生廻向 ⑧ 眞如相廻向 ⑨ 無縛無着解脫廻向 ⑩ 入法界無量廻向.

8) 十地 : ① 歡喜地 ② 離垢地 ③ 發光地 ④ 焰慧地 ⑤ 難勝地 ⑥ 現前地 ⑦ 遠行地 ⑧ 不動地 ⑨ 善慧地 ⑩ 法雲地.

自在解脫無盡燈　　자재 해탈한 마음으로
자 재 해 탈 무 진 등　　무진등을 밝혔으니

同敎別敎同一乘　　동교(화엄)나 별교(법화)가
동 교 별 교 동 일 승　　다같이 1승법이다.

一性圓通卽萬法　　한 성품이 터지면 곧
일 성 원 통 즉 만 법　　만법이 통하기 때문이다.

(3) 법화경(法華經)

實相妙法蓮華經　　실상묘법
실 상 묘 법 연 화 경　　연화경

三種現存繁盛海　　3종이 있어
삼 종 현 존 계 성 해　　바다처럼 성한데

竺法護譯正法華　　축법호스님은 정법화
축 법 호 역 정 법 화　　(기원 286년)를 번역하고

鳩摩羅什妙法經　　구마라집스님은 묘법연화경
구 마 라 집 묘 법 경　　(기원 400년)을 번역하고

闍那笈多添品經　　사나굽다와 굽다스님은 첨품묘법
사 나 급 다 첨 품 경　　연화경(기원 601년)을 번역했다.

般若經中空思想 반야경 가운데
반 야 경 중 공 사 상 공사상이

諸法實相法華經 법화경에서는
제 법 실 상 법 화 경 제법실상으로 나오는데

眞空妙有中道床 진공묘유
진 공 묘 유 중 도 상 중도상은

無量義處難解門 한량없는 뜻을 가져
무 량 의 처 난 해 문 이해하기 어려운 문이다.

如是相性體力作 이와 같은 상·성·
여 시 상 성 체 력 작 체·력·작용

因緣果報本末竟 인·연·과·보
인 연 과 보 본 말 경 처음과 끝은

事事物物法自然 온갖 사물이 법 따라
사 사 물 물 법 자 연 자연적으로 이루어져

法住法位世間常 모든 법이 법의 위치에
법 주 법 위 세 간 상 있어 세간에 항상 머무른다.

蓮華不着心淸淨 연꽃과 같이 젖지 않는
연 화 불 착 심 청 정 청정한 마음으로

會三一乘一大事　　　성문·연각·보살들은 일불승
회 삼 일 승 일 대 사　　을 알리고자 큰일들을 하신 분

釋迦如來一代事　　　석가여래
석 가 여 래 일 대 사　　일대사를

事實本跡二門法　　　사실 본적 2문으로
사 실 본 적 이 문 법　　나누어 보면

不住涅槃常說法　　　열반에 머물지 않고 항상
부 주 열 반 상 설 법　　설법하고 있다.

妙音觀音大勢至　　　묘음·관음·
묘 음 관 음 대 세 지　　대세지는

應化菩薩敎化身　　　근기 따라 나타낸
응 화 보 살 교 화 신　　보살신이다.

聲聞緣覺無差別　　　성문·연각 또한 본래
성 문 연 각 무 차 별　　차별이 없다.

相互交座傳法門　　　서로 자리를 옮겨
상 호 교 좌 전 법 문　　전법하기 때문이다.

(4) 제정토경문(諸淨土經文)

彌勒菩薩三部經　　　미륵보살
미 륵 보 살 삼 부 경　　삼부경

阿閦佛國妙喜經　　　아촉불국
아 촉 불 국 묘 희 경　　묘희경

極樂淨土彌陀佛　　　극락정토
극 락 정 토 미 타 불　　미타불

在家居士維摩經　　　재가거사
재 가 거 사 유 마 경　　유마경

百千三昧頓薰修　　　백천삼매
백 천 삼 매 돈 훈 수　　당장 닦아

神通妙用自在化　　　신통묘용으로 중생들을
신 통 묘 용 자 재 화　　자재롭게 교화한다.

① 미륵보살삼부경(彌勒菩薩三部經)

彌勒菩薩上生經　　　미륵보살
미 륵 보 살 상 생 경　　상생경

彌勒菩薩下生經　　　미륵보살
미 륵 보 살 하 생 경　　하생경

彌勒菩薩成佛經　　　미륵보살
미 륵 보 살 성 불 경　　성불경

此是彌勒三部經　　　이것이 미륵정토
차 시 미 륵 삼 부 경　　삼부경이다.

② 아촉불국묘희경(阿閦佛國妙喜經)

阿閦佛國經
아 촉 불 국 경

아촉불국경
(대일여래성불성)

③ 미타정토삼부경(彌陀淨土三部經)

無量壽經
무 량 수 경

무량수경
법장서원

觀無量壽經
관 무 량 수 경

관무량수경
아미타불 극락국토

阿彌陀經
아 미 타 경

아미타경
염불왕생

(5) 초기대승논부(初期大乘論部)

龍樹提婆諸菩薩
용 수 제 바 제 보 살

용수·제바
제보살

大乘佛敎中興師
대 승 불 교 중 흥 사

대승불교를
중흥시킨 스승님들

佛陀精神傳繼承
불 타 정 신 전 계 승

불타의 정신을 전해
계승케 했으니

裟婆重生活佛像
사 바 중 생 활 불 상

사바세계 거듭 태어난
살아있는 부처들이다.

① 용수보살(龍樹菩薩)

南印出身龍猛樹
남인출신용맹수
남인도에서 태어난
용맹수는

哺中梵志四吠陀
포중범지사베다
젖 먹을 때 이미 범지들의
4베다를 통하고

宮中隱身斬殺頃
궁중은신참살경
궁중에 은신했다가 참살할
지경에 이르렀으나

幸免入山通三藏
신면입산통삼장
다행이 방면, 입산하여
3장에 통하여

百法論部著作者
백법론부저작자
백법 논부의
저작자가 되었다.

大智度論婆娑論
대지도론바사론
대지도론
바사론

中觀十二大乘頌
중관십이대승송
중관론 12문론
대승20송 파유론

如理空性廣破論
여리공성광파론
여리·공성·
광파론

菩提資糧廻諍論
보리자량회쟁론
보리자량론
회쟁론

Ⅵ. 대승불교사상(大乘佛敎思想)

寶王讚法勸誡頌
보 왕 찬 법 권 계 송

보왕삼매론 찬법게송
권계왕송론을 지어

般若中心正邪顯
반 야 중 심 정 사 현

반야를 중심으로
정사를 밝히고

諸派綜合肯定説
제 파 종 합 긍 정 설

모든 종파를 종합,
긍정적으로 설했다.

後世八宗宗祖父
후 세 팔 종 종 조 부

후세 8종에서
종조부로 모시니

顯密淨土禪教宗
현 밀 정 토 선 교 종

현교와 밀교 정토종,
선·교종이 그것이다.

一佛中道不捨物
일 불 중 도 불 사 물

일불중도로서 한 물건도
버리지 않았기 때문이다.

② 제바보살(堤婆菩薩)

提婆龍樹眞弟子
제 바 용 수 진 제 자

제바는 용수의
진짜 제자이다.

博識絶倫天祠訪
박 식 절 륜 천 사 방

박식절륜하여 천사를
방문하였다가

神眼破損自眼捨
신 안 파 손 자 안 사

신의 눈을 파손하고
자기 눈을 빼주었으므로

別明迦那提婆師
별명가나제바사

별명이 가나제바(一隻眼)가
되었다.

橋薩羅國初龍樹
교살라국초용수

교살라국에 가서
용수를 처음 뵈었는데

龍樹鉢水試智慧
용수발수식지혜

용수가 발우 물로
그 지혜를 시험하니

以心傳心投針中
이심전심투침중

바늘을 던져 서로의
마음을 알게 하였다.

百論四百諸著述
백론사백제저술

백론 4백론
등을 저술

破邪破神破情異
파사파신파정이

삿된 사상과 신,
정이를 파하는데

根本三藏元始教
근본삼장원시교

근본 삼장이
원시불교,

部派異部婆沙論
부파이부바사론

이부종륜론과 바사론이
부파불교 자료가 되듯

小乘六足大毘婆
소스육족대비바

소승에서는 6족론과 대비바사
론이 근본이 되었는데

大乘三藏經律論　　　　　대승에서는 경·율·논
대승삼장경율론　　　　　3장이 근본이 되었다.

然而假現比丘薩　　　　　그러나 가짜 비구와
연이가현비구살　　　　　보살이 나타나

眞爲行勢佛法賊　　　　　진짜 행세를 하므로써
진위행세불법적　　　　　불법의 도적이 될까 하여

大乘反對非佛說　　　　　대승을 반대한 사람들이
대승반대비불설　　　　　비불설이라 하였는데

看他勒着八因義　　　　　저 미륵 무착의
간타륵착팔인의　　　　　8인9)을 보라.

提婆眞實生菩薩　　　　　제바는 진짜로 살아있는
제바진실생보살　　　　　보살이었다.

(6) 중기대승경론(中期大乘經論)

① 중기대승의 자료(中期大乘資料)

中期大乘佛敎經　　　　　중기 대승
중기대승불교경　　　　　불교경은

---

9) 8인(因)은 대승불교도 불교임을 증명하는 不記·同行·不行·成就·體·非體·能治·文異가 그것이다.

涅槃如來勝鬘經　　　열반경·여래장경·
열 반 여 래 승 만 경　　승만경

深密眞如淨土説　　　해심밀의
심 밀 진 여 정 토 설　　여러 정토설과

彌勒無着世親論　　　미륵·무착·세친들의
미 륵 무 착 세 친 론　　논문이 중심이다.

  a. 열반경(涅槃經)

概通涅槃小大乘　　　대개 열반사상이 대소승에
개 통 열 반 소 대 승　　다 통하고 있는 것은

證明阿含方等般　　　아함·방등·반야 등이
증 명 아 함 방 등 반　　증명하고 있다.

南北兩典四六卷　　　남북 양전
남 북 양 전 사 육 권　　40권 60권에는

佛身常住佛性説　　　불신은 상주하고 불성은
불 신 상 주 불 성 설　　누구나 가지고 있다.

闡提成佛同三乘　　　일천제도 성불하니
천 제 성 불 동 삼 승　　3승이 모두 똑같다.

涅槃四德常樂淨　　　상·락·아·정
열 반 사 덕 상 락 정　　네 가지 열반의 덕은

| 衆生佛國二大成 | 중생성취와 불국성취의 |
| 중생불국이대성 | 2대 성취에서 이루어진다. |

b. 여래장경(如來藏經)

| 如來藏系代表經 | 여래장경의 |
| 여래장계대표경 | 대표경은 |

| 方等不增不減經 | 대방등 여래장경과 |
| 방등부증불감경 | 불설부증불감경 |

| 無上中心勝鬘經 | 무상의경 |
| 무상중심승만경 | 승만경이 중심이다. |

| 自性清淨如來藏 | 청정한 자성이 |
| 자성청정여래장 | 여래장이고 |

| 法身四德三乘一 | 법신에는 4가지 덕이 구족해 |
| 법신사덕삼승일 | 있고 3승이 곧 1승이다. |

| 勝鬘夫人十大願 | 승만부인 |
| 승만부인십대원 | 10대원10) |

| 折伏教化攝收法 | 절복교화 방법과 |
| 절복교화섭수법 | 섭수법이 중심이다. |

---

10) 10大願 : ① 지계청정 ② 교만한 마음을 내지 않음 ③ 성내지 않음 ④ 질투심 없앰 ⑤ 인색한 마음 없앰 ⑥ 중생위해 베풀음 ⑦ 자만심 없이 4섭행 ⑧ 복지사업 ⑨ 不害動植物 ⑩ 정법수행

c. 해심밀경(海深密經)

| 解深勝義眞如觀 | 해심밀경의 깊은 |
| 해 심 승 의 진 여 관 | 뜻은 진여관이고 |

輪廻轉種心意識　　　　윤회전생의 씨는
윤 회 전 종 심 의 식　　　심·의·식이다.

邊計依他圓成實　　　　변계 의타
변 계 의 타 원 성 실　　　원성실

諸法自性三種說　　　　모든 법은 자성에 3종이
제 법 자 성 삼 종 설　　　있음을 밝힌 것이고

相生勝義無自性　　　　상무생·생무생·승의무생은
상 생 승 의 무 자 성　　　자성이 없다는 설이다.

有空中道三時敎　　　　유·공·중도
유 공 중 도 삼 시 교　　　3시교이고

三乘眞實一乘便　　　　3승은 진실이고
삼 승 진 실 일 승 편　　　일승이 방편이다.

唯識瑜伽相應行　　　　유식과 유가가
유 식 유 가 상 응 행　　　서로 상응하여

菩薩十地佛一地　　　　보살 10지
보 살 십 지 불 일 지　　　불 1지

| 六度行中後四智 | 6도행 가운데 뒤에 |
| 육 도 행 중 후 사 지 | 네 가지 지혜가 있다. |

| 法化解脫三佛身 | 불신에는 법신 화신 |
| 법 화 해 탈 삼 불 신 | 해탈신이 있다. |

| 十八種滿佛國土 | 열여덟 가지11)가 |
| 십 팔 종 만 불 국 토 | 원만하면 불국토가 된다. |

    d. 미륵론(彌勒論)

| 彌勒菩薩著書中 | 미륵보살 |
| 미 륵 보 살 제 서 중 | 저서 중에는 |

| 瑜伽師地戒羯磨 | 유가사지론과 여러 가지 |
| 유 가 사 지 계 갈 마 | 계갈마가 있고 |

| 大乘莊嚴中道論 | 대승장엄론과 중변 |
| 대 승 장 엄 중 도 론 | 분별론이 있다. |

| 此論大乘佛說說 | 이 글은 대승이 불설임을 |
| 차 론 대 승 불 설 설 | 주로 설하였는데 |

---

11) 十八種滿佛國土 : ① 最勝光嚴으로 無邊世界 普照 ② 無量放所妙飾 ③ 三界超過 ④ 周圍難測 ⑤ 出世善根 ⑥ 自在淨識 ⑦ 如來都處 ⑧ 菩薩雲集 ⑨ 八部神衆翼從 ⑩ 廣大法味 ⑪ 一切義利 ⑫ 煩惱纏垢 ⑬ 衆魔遠離 ⑭ 如來莊嚴 ⑮ 念慧遊路 ⑯ 大止妙觀 ⑰ 三解脫門 ⑱ 無量功德莊嚴

中道思想第一義 중도사상을 제1의로
중 도 사 상 제 일 의 생각하였다.

五事四種分類法 모든 법을 5사
오 사 사 종 분 류 법 4종에 나눈 것은

彌勒菩薩初見解 미륵보살에 와서
미 륵 보 살 초 견 해 처음 보는 일이다.

末那耶識確證說 마나식도
말 라 야 식 확 증 설 확증짓고

阿賴耶識分證說 아뢰식도 분명히
아 뢰 야 식 분 증 설 증명했으며

轉識成智四智說 전식성지도
전 식 성 지 사 지 설 4지를 형성하고

三種自性淸淨說 3종 자성 청정한
삼 종 자 성 청 정 설 것도 증명하였다.

自性法身變化身 자성·법신·변화신이
자 성 법 신 변 화 신 확대되어

擴大三身二利身 이 세 몸이 자리이타의
확 대 삼 신 이 리 신 행을 한다.

十善總戒菩薩戒 십 선 총 계 보 살 계	10선은 총괄적인 보살계인데
梵網十重四八戒 범 망 십 중 사 팔 계	범망경에는 10종48경계가 설해져 있다.
彌勒無着師弟間 미 륵 무 착 사 제 간	미륵 무착은 사제간이다.
金剛攝論順中論 금 강 섭 론 순 중 론	금강반야론 섭대승론 순중론
大乘中邊顯揚論 대 승 중 변 현 양 론	대승장엄경론 변중변론 현양성교론
阿毘達磨六門論 아 비 달 마 육 문 론	아비달마론 육문교수습정론은
彌勒八證佛說說 미 륵 팔 증 불 설 설	미륵보살이 여덟 가지로 불설을 증명한 것을
無着十種爲證明 무 착 십 종 위 증 명	무착보살은 10종으로 증명한 것이다.
彌勒色本分類法 미 륵 색 본 분 류 법	미륵보살은 색을 중심으로 하여 모든 법을 분류했으나
無着心本分類法 무 착 심 본 분 류 법	무착은 마음을 본위로 하여 조직하였다.

種子六義所熏說　　　종자에는 6의가 있고
종자육의소훈설　　　계속 훈습하고

心外無法唯識義　　　마음밖에 법이 없고
심외무법유식의　　　오직 식 뿐이다.

    e. 세친보살 삼형제(世親菩薩三兄弟)

建達羅國婆羅門　　　건다라국
건다라국바라문　　　바라문

憍尸迦之第二子　　　교시가의
교시가지제이자　　　제2자

世親菩薩無着弟　　　세친은 무착의
세친보살무착제　　　친동생이며

比隣持子親兄任　　　비린지자의
비린지자친형임　　　친형님이다.

妙法蓮華優波舍　　　묘법연화경
묘법연화우바사　　　우바제사

無量壽經寶髻輯　　　무량수경 보계경
무량수경보계집　　　전법집경

三具文殊梵天論　　　삼구족 우바제사
삼구문수범천론　　　문수사리문론 범천소문경론

| 金剛百法唯識論 | 금강반야론 |
| 금 강 백 법 유 식 론 | 백법명류론 유식론 |

唯識三十五蘊論　　　유식삼십
유 식 삼 십 오 온 론　　오온론

大乘成業法性釋　　　대승성업론
대 승 성 업 법 성 석　　법성분별론석

佛性如實止觀頌　　　불성론 여실론
불 성 여 실 지 관 송　　지관문론송

以上九種諸著書　　　이상 9종의
이 상 구 종 제 저 서　　모든 저서는

各論三乘通菩薩　　　각론이 3승과
각 론 삼 승 통 보 살　　보살에 다 통하고

六度十地調修行　　　6도 10지의
육 도 십 지 조 수 행　　수행을 강조

出世菩提求解脫　　　보리심을 내어 출세함으로써
출 세 보 리 구 해 탈　　해탈한다 하였다.

(7) 후기대승경론(後期大乘經論)

① 자료(資料)

三種楞伽入大乘 삼 종 릉 가 입 대 승	3종 능가경12)과 입대승론
法界差別寶性論 법 계 차 별 보 성 론	대승법계 차별론 구경일승보성론
馬鳴菩薩起信論 마 명 보 살 기 신 론	마명보살 기신론이 나와
各其蘭菊美競態 각 기 난 국 미 경 태	각기 난국의 미를 다투었다.
然而大乘總綜合 연 이 대 승 총 종 합	그러나 이상 대승불교를 총 종합해 보면
般若空軸龍樹道 반 야 공 축 용 수 도	반야공을 주축으로 한 용수보살의 중도사상 계통과
解深有思彌著系 해 심 유 사 미 저 계	해심밀경의 유사상을 배경으로 한 미륵 무착계통이 있다.
那蘭陀寺聖戒賢 나 란 타 사 성 계 현	나란타사 계현스님은 멀리 미륵 무착을 스승하고

---
12) 楞伽阿跋多羅經(유송 443. 구나반다라역), 入楞伽經(북위 513. 보리유지역), 大乘入楞伽經(당 704. 실차난타역)

遠師彌勒無着僧
원 사 미 륵 무 착 승

近護難陀三種教
근 호 난 타 삼 종 교

瑜伽深密法相義
유 가 심 밀 법 상 의

同寺智光繼文龍
동 사 지 광 계 문 용

提婆淸辯般若中
제 바 청 변 반 야 중

無相大乘三階教
무 상 대 승 삼 계 교

若禮菩薩讀大乘
약 례 보 살 독 대 승

斯事不行號之小
기 사 불 행 호 지 소

中觀佛教體虛幻
중 관 불 교 체 허 환

가까이는 호법 난타를 배경하여 3종설13)을 개설 했는데

유가·해심밀경의 배경이 되어

법상의 뜻으로서 조직한 것이다.

같은 절 지광은 문수와 용수를 계승하고

제바 청변 반야 중관 등을 배경하여

무상 대승으로 삼계교를 형성하였는데

불보살께 예배하고 대승경을 읽으면 대승이고

이 일을 하지 않으면 소승이다 하였다.

중관불교는 체가 허환하다 하고

---

13) 心境俱有敎 境空心有敎 心境具空敎 中觀佛敎體虛幻.

瑜伽佛教皆唯識
유가불교개유식

유가 불교는 모두가
유식이라 하기 때문이다.

彌勒無着世親後
미륵무착세친후

미륵 무착
세친 후에

有相無相二識派
유상무상이식파

유상·무상 두 파가
나타났는데

無相德慧安調伏
무상덕혜안조복

무상파는 덕혜 안혜
조복천이 계승하고

有相陳那無性護
유상진나무성호

유상파는 진나 무성
호법등이 이어

戒賢玄奘親光師
계현현장친광사

계현 현장 친광사가
계승하였고

難陀眞諦別勝軍
난타진제별승군

난타와 진제 승군은
별도로 나아갔다.

性空龍樹佛護後
성공용수불호후

성품이 공한 것을 주장한
용수사상은 불호 후에

月稱寂天宗家型
월칭적천종가형

월칭 적천에
계승되었으나

自意立宗淸辨師
자의입종청변사

자의에 의해 종파를
세운 청변사의 뒤는

Ⅵ. 대승불교사상(大乘佛敎思想) 145

| 寂護蓮華繼承傳 | 적호 연화생등이 |
| 적 호 연 화 계 승 전 | 계승하였다. |

陳那大龍新因明 진나 대용은
진 나 대 용 신 인 명 신인명을 발굴하여

略述因明正理論 인명정리론을
약 술 인 명 정 리 론 약술하고

取因假設掌中論 취인가설론
취 인 가 설 장 중 론 장중론

觀所瑜伽實踐識 관소연론과 유가론등은
관 소 유 가 실 천 식 실천론적 유식학이다.

二九那蘭學頭護 29세에 나란타사
이 구 나 란 학 두 호 학두가 된 호법스님은

廣百論釋寶生論 광백론석론과
광 백 론 석 보 생 론 석유식보생론

成唯識論五蘊論 성유식론 대승
성 유 식 론 오 온 론 5온론을 지어

萬法唯識親證明 만법유식을 친히
만 법 유 식 친 증 명 증명하였다.

玄奘就學戒賢師
현 장 취 학 계 현 사

현장 취학시
계현스님은

百六高齡那蘭頭
백 육 고 령 나 란 두

106세의 고령으로
나란타사 학두였다.

精通瑜伽師地論
정 통 유 가 사 지 론

유가사지론을
정통하여

三時敎判三類說
삼 시 교 판 삼 류 설

3시교판과
3류경설을 설했다.

龍樹後裔佛護師
용 수 후 예 불 호 사

용수 후예
불호사는

月稱寂天淸辨承
월 칭 적 천 청 변 승

월칭 적천 청변에게
계승되었는데

一千比丘弘宗風
일 천 비 구 홍 종 풍

청변이 일천비구를 데리고
종풍을 펴는 가운데

親樹疏着分別心
친 수 소 착 분 별 심

용수를 친하고 무착을
소홀히 하는 가운데서

中道唯心新生派
중 도 유 심 신 생 파

중도파와 유심파가 새로
생기게 되었다 한다.

(8) 비밀불교(秘密佛敎)

瑜伽中道遊戲論
유 가 중 도 유 희 론
유가·중도파가
논리의 유희에 빠져

修道傳法疎忽時
수 도 전 법 소 홀 시
수도전법에
소홀함으로써

佛敎衰退民衆散
불 교 쇠 퇴 민 중 산
불교는 쇠퇴하고
민중들이 흩어지니

吠陀攝入興密敎
베 다 섭 입 흥 밀 교
아타르바베다 같은 것을
섭입하여 밀교를 흥기시켰다.

密敎特徵在眞言
밀 교 특 징 재 진 언
밀교의 특징은
진언에 있다.

茶羅成立印契後
다 라 성 립 인 계 후
만다라를 만들어 놓고
인계를 맺은 뒤

讀誦祈禱陁羅尼
독 송 기 도 다 라 니
다라니를 독송하며
기도한다.

初創敎主毘盧佛
초 창 교 주 비 로 불
처음에는 비로자나를
교주로 하여

即身成佛修行目
즉 신 성 불 수 행 목

이 몸으로 성불할 것을
목적하고 수행하였으나

後世病疾息災殃
후 세 병 질 식 재 앙

후세에는 질병을 치료하고
재앙을 녹이고

福德豊饒業掃除
복 덕 풍 요 업 소 제

복덕을 풍요롭고 업장을
소멸하는 종교로 변했다.

大日金剛正聖典
대 일 금 강 정 성 전

대일경 금강정경은
밀교의 근본성전이다.

教理特地造壇呪
교 리 특 지 조 단 주

대일경에서는 땅을 가리고
단을 쌓고 주문을 외우고

印契觀法護摩等
인 계 관 법 호 마 등

인계하고 관법하며
호마를 하면

息災招福無疑心
식 재 초 복 무 의 심

재앙을 없애고 복을 부르는
것을 의심할 것이 없다.

菩提心因大悲行
보 리 심 인 대 비 행

보리심을 씨로
대비의 행을 하여

究竟圓成薩婆耶
구 경 원 성 살 바 야

결국에는
살바야를 이룬다.

金剛頂經大敎王　　　금강정경
금 강 정 경 대 교 왕　　대교왕은

金剛界曼茶羅體　　　금강경 만다라의
금 강 계 만 다 라 체　　체로써

大日如來平等法　　　대일여래
대 일 여 래 평 등 법　　평등법회

八大菩薩十六師　　　8대보살
팔 대 보 살 십 육 사　　16사가 중심이다.

大日經本胎藏界　　　대일경은 태장계
대 일 경 본 시 장 계　　만다라로

金剛頂經金剛界　　　금강정경은 금강계
금 강 정 경 금 강 계　　만다라로

各振標格成佛道　　　각기 성불도의 표가 되어
각 진 표 격 성 불 도　　인격을 형성했는데

大樂合性左道敎　　　금강승의 대락이 인도성력파
대 락 합 성 좌 도 교　　와 혼합, 좌도밀교가 되었다.

富羅王朝公紀七　　　부라왕조가
부 라 왕 조 공 기 칠　　서기 700년경

恒河沿邊大寺立
항 하 연 변 대 사 립

항하연변에
큰 절을 건립하고

養成弟子中道場
양 성 제 자 중 도 장

제자를 양성 중심도량을
형성하였다.

西藏招請寂護師
서 장 초 청 적 호 사

서장에 초청된
적호스님이

瑜伽行者蓮華生
유 가 행 자 연 화 생

유가행자
연화생을 불러

大相論著覺吉祥
대 상 론 저 각 길 상

대상론을 지어 각각
길상을 만들고

大寺最初學頭位
대 사 최 초 학 두 위

큰 절의 최초
학두가 되니

門下碩學多數人
문 하 석 학 다 수 인

문하에 다수의
석학들이 있었으나

婬祠邪說佛俗化
음 사 사 설 불 속 화

음사 사설로 불교가
비속화 되었다.

Ⅶ. 총결(總結)

從來學說總集合　　　종래 학설들을
종래학설총집합　　　총집합해 보면

部派小乘非佛教　　　부파 소승은
부파소승비불교　　　불교가 아니고

大乘又此非佛教　　　대승 또한
대승우차비불교　　　불교가 아니고

原始根本眞佛教　　　원시 근본만이 참
원시근본진불교　　　불교라 하였다.

然而歷史順秩見　　　그러나 역사를
연이역사순질견　　　순서적으로 보면

然而不然必有緣　　　그렇지만 그렇지 못한
연이불연필유연　　　필연적인 인연이 있었으니

此是大小生起因　　　이것이 대소승불교가
차시대소생기인　　　생기게 된 동기이다.

江河山川流入別
강하산천유입별

大海一味無差別
대해일미무차별

佛法如是千差別
불법여시천차별

成佛作祖無分別
성불작조무분별

강하산천이 들어오는
곳은 각기 다르나

대해에 들어오면
차별이 없듯이

불법도 그러하여
천차만별 하지만

부처가 되고 조사되는
것에는 차별이 있을 수 없다.

簡明漢韓 佛教教理發達史

2006년 4월 25일 인쇄
2006년 4월 30일 발행
발행인 : 불교정신문화원
발행처 : 불교통신교육원
저　자 : 활안 한정섭
인　쇄 : 지민기획
발행처 : 477-810
　　경기도 가평군 외서면 대성리 산185
　　031-584-0657

등록번호 : 76.10.210

값 8,000원